映像で見る

主体的な遊びで育つ子ども

あそんでぼくらは人間になる

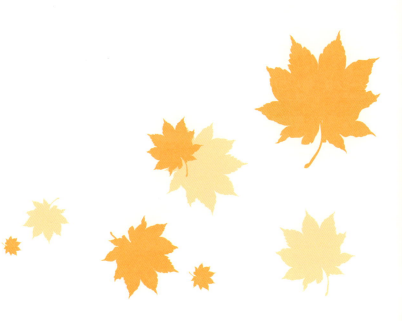

目次

映像を学びと研修に生かすために
～ビデオカンファレンスのすすめ　　　　　大豆生田 啓友 4

シーン 1　新入園の頃 10
（ストーリー 10　実践の背景 11　議論の視点 12　映像スクリプト 13）

シーン 2　登ってやる！ 16
（ストーリー 16　実践の背景 17　議論の視点 18　映像スクリプト 19）

シーン 3　コマに夢中！ 22
（ストーリー 22　実践の背景 23　議論の視点 24　映像スクリプト 25）

シーン 4　どろだんごの時間 30
（ストーリー 30　実践の背景 31　議論の視点 32　映像スクリプト 32）

シーン 5　積木の遊びは続く 34
（ストーリー 34　実践の背景 35　議論の視点 36　映像スクリプト 37）

シーン 6　高さを求めて 40
（ストーリー 40　実践の背景 41　議論の視点 41　映像スクリプト 42）

シーン 7　ケンカもいろいろ 44
（ストーリー 44　実践の背景 46　議論の視点 47　映像スクリプト 48）

シーン 8　先生の本気運動会 54
（ストーリー 54　実践の背景 55　議論の視点 56　映像スクリプト 57）

シーン 9　箱んでハイタワー 60
（ストーリー 60　実践の背景 63　議論の視点 66　映像スクリプト 66）

シーン 10　新記録と涙 78
（ストーリー 78　実践の背景 80　議論の視点 81　映像スクリプト 82）

シーン 11　宇宙人が来た！ 88
（ストーリー 88　実践の背景 89　議論の視点 90　映像スクリプト 90）

シーン 12　みんなのビール工場 94
（ストーリー 94　実践の背景 95　議論の視点 96　映像スクリプト 96）

シーン 13　お手伝いも遊び 100
（ストーリー 100　実践の背景 101　議論の視点 102　映像スクリプト 103）

シーン 14　たいよう号の行方 106
（ストーリー 106　実践の背景 107　議論の視点 109　映像スクリプト 109）

シーン 15　自然は友だち 114
（ストーリー 114　実践の背景 116　議論の視点 117　映像スクリプト 118）

主体的に遊ぶ子ども─遊びを支える保育者
　　〜かえで幼稚園の実践から私たちが学ぶもの　　中坪 史典 124

幼児教育の本質に迫る保育とは　　無藤 隆 136

子どもを理解することからつくられる保育　　河邉 貴子 138

日本の幼児教育の哲学と魅力を照らすプリズムとして　　秋田 喜代美 140

「子どもにとって難し過ぎず、
　　かといって易し過ぎもしない課題」を考える保育者　　吉永 早苗 142

日本の保育実践を海外や異文化に紹介する可能性　　馬屋原 真美 144

ドキュメンタリー『あそんでぼくらは人間になる』は
　　どのように制作されたのか　　地蔵堂 充 146

普通の中にある普遍　　中丸 元良 148

■ 本教材のねらいと使い方

本教材は、保育者養成校の授業や、現場の保育者の園内研修や外部研修など、保育に関わるあらゆる方の学習課題に応えることを目的に、映像（DVD）とテキスト（本書）によって構成されています。

映像には、15 シーン（映像時間 約 75 分）の保育実践が収録されています。テキストには、それぞれのシーンの「ストーリー」（映像の概要）、「実践の背景」（保育者の意図、前後の出来事など）、「議論の視点」（研修を想定したテーマ設定）、「映像スクリプト」（映像の詳細）が掲載されています。また、ビデオカンファレンスや保育実践に関する解説も掲載しました。

さまざまな学習課題にあわせて、ご活用ください。

映像を学びと研修に生かすために
~ビデオカンファレンスのすすめ

大豆生田 啓友

子ども主体の遊びが学びであることを理解するために

　本書の映像資料の実践を見てもわかるように、乳幼児期の教育・保育は、子ども主体の遊びや生活を通して行われるものです。なぜなら、そこには、子どもたちの豊かな学びの物語があるからです。

　子どもは人やモノ、自然などの環境に主体的に関わる中で、多様な学びを行っています。映像をよく見ていくと、子ども一人ひとりの様々な思いや関係性、モノとの対話など、多様な学びや育ちが見えてきます。また、その学びや育ちを支える保育者の思いや関わり、環境のあり方なども見えてきます。このような学びの物語が見えてくると、子ども主体の遊びを通した保育の意義が見えてくるのです。

　しかし、それは誰にとっても同じように見えるものではありません。人によっては、ただ「遊んでいるだけ」にしか見えず、その意義が理解できないということもあるのです。理念としては、子ども主体の遊びが大切と思っていても、具体的な姿からそれを理解できないということもあります。だからこそ、映像を通して、保育理解の学びに生かすことが有効であると考えられ

るのです。それは、保育者養成校の授業において、また、現場の保育者の園内研修や外部研修においても活用していただきたいと考えています。

ビデオカンファレンスのすすめ

　保育をより深く理解するための研修の方法はたくさんあります。エピソード記録や、写真などの記録を持ち寄って討議を行ったりすることがよくあります。映像を使った研修もその一つです。それは、ビデオカンファレンスなどとも呼ばれます。

　ビデオを用いた保育理解は、研究などでも用いられます。その利点は、保育の身体性、時間性、ダイナミズムが浮かび上がって見えるため、話し合いを行う際、参加者はその場にいるような気持ちになって検討できることです。しかも、何度も繰り返し見ることができるため、簡単には気づきにくい重要なポイントを読み取ることができます（佐々木2010）。

　このことは、研究の場合のみならず、研修や授業の場合でも同じことが言えると思います。ビデオカンファレンスは、具体的な場面の気づきを通して誰でも意見を言えるので、話し合いが盛り上がるというのも特徴です。また、その見方も人によって違いがあり、多様な理解が可能であることも見えてきます。そして、話し合ううちに、子どもがしていることの意味を発見できることが大きな利点と言えるでしょう。

ビデオカンファレンスの進め方

　ビデオカンファレンスの方法は、その目的によって多様です。ここでは、筆者らがまとめたビデオカンファレンスの方法を参考に、おおまかな流れを

紹介します（大豆生田・三谷・高嶋 2011）。

- 進行役は、研修の目的や映像を見る視点を提示する。
- 参加者は、映像を視聴する（自分が気づいたことなどをメモする）。
- 参加者は、気づいた視点を付箋紙に個々で書く（一人、数枚を目安に、1つの気づきや発見について1枚を使う。ポイントのみを記す）。
- 参加者は、小グループ（6名程度）で集まり、同じような意見や場面を整理しながら、付箋を模造紙に貼り出し、意見を言う（最初に全部出してしまわずに、1枚ずつ順番に出しながら、意見を言っていく方法でもよい）。
- 10〜15分程度を目安に意見を出し合い、グループごとに、特に意見が出た場面等について、具体的に報告をする。
- 進行役は、ホワイトボードなどに、出された意見のポイントをメモし、見えてきたことや、課題となった点を整理する。
- 場合によっては、もう一度、同じ映像を見て、グループもしくは全体で討議を行い、進行役は整理を行う。

話し合いで大切なこと

　この話し合いでは、必ずしも、付箋紙や模造紙を使う必要はありません。ただ、付箋紙を使うことで、参加者全員が自分の意見を言う機会が保障されるとともに、個々の意見が可視化され、共有されることで、論点も見えやすくなるというメリットがあるのです。時間がなく、手軽に行いたい場合は、

付箋紙を使用しなくても問題ありません。

　このような話し合い（カンファレンス）において、大切な視点として、以下の４つ等があげられます（森上2010）。

・一つの正解を求めようとせずに、多様な意見が出されることで、多様な視点が獲得されるようにすること。
・建前ではなく、本音の意見が出されるようにすること。
・先輩が若い人を導くのではなく、それぞれが自分の問題として考えていく姿勢を持つこと。
・相手を批判したり、優劣を競おうとしないこと。

　話し合いでは、個々が自分の思ったこと、感じたことが出されることで、自分一人では気づかなかった意外な気づきや発見をすることができます。特にビデオカンファレンスでは、一人では見えなかったことが、多様な意見が出されることで、見えてきます。だから、参加者が自由に自分の気づきや考えたことが言えるようにすることが大切なのです。
　また、「こうあるべき」といった抽象的な意見ではなく、できるだけ具体的な意見を出していけるようにすることが大切です（「○○ちゃんが・・・した時に、・・・だったのは、・・・していたから、・・・の意味があったのではないか」、等）。

■ 何を視点に見るか？－子ども理解が基本

　それでは、何を視点に議論するとよいでしょうか。

保育者の声かけ、関わり方、環境構成、子どもの人間関係など、様々な視点があげられます。研修の目的によっても、そのテーマとなる視点は異なります。運動会での競技のあり方やその進め方、その際の環境の提供の仕方について学ぶこともできるでしょう。

　しかし、その際に基盤となるのは、「子ども理解」です。保育者の関わりを学ぶ上でも、行事の進め方を学ぶ上でも、子ども理解を中心に行うことが大切です。なぜならば、子どもがいまどのような思いで遊んでいるか、その子はどのような関係性の中に置かれているか、その子の興味関心は何かなど、子ども理解を深めていくことで、保育者の関わり方の意味が見えてくるからです。

　保育者の関わり方だけから見てしまうと、「けんかやトラブルにはこうした関わり方がよい」など、パターン化した見方になってしまいます。大切なことは、そうではなくて、その場面の子どもの思いなどに即した保育者の関わり方です。そのためには、子ども理解なくしては、保育者の関わりがどうだったかの意味は見えてきません。

　だからこそ、どのような視点であれ、映像の子どもたちの姿から理解を進めることが、カンファレンスの基本になるのです。

子どもの遊びを見る視点

　映像に映し出された子どもの姿の何に注目して見ればよいでしょうか。子どもの遊びを見る視点として、以下のようなことがあげられます。

・子どもの表情、目線(子どもの目線の先にある物)、体の動きなどに注目する。

・子どもの周囲の子どもや大人との関係性（関係のあり方）に注目する。

・子どもの持っている物、遊んでいる物や場、環境の特徴に注目する。

・子どもの言葉（その言葉の意味）に注目する。

・ある場面だけではなく、一連の流れを通して、子どもを理解する。

映像を学びと研修に生かすために

　ここで示したビデオカンファレンスの方法はあくまでも一つのアイデアにすぎません。最近では、様々な研修の方法も紹介されていますので、多様な方法の中から、最もふさわしい方法を探っていくのがよいでしょう。

　どちらにしても大切なことは、この映像から、多様な気づきと発見があり、自分の保育理解が豊かになっていくことです。本書の映像資料は、それ自体が保育を学ぶ上での豊かな資源であると思います。この資源をそれぞれの場の授業や研修等で有効に活用していっていただければ幸いです。

引用・参考文献
・佐々木麻美「ビデオによる分析」森上史朗・柏女霊峰『保育用語辞典 第6版』ミネルヴァ書房、2010年、174頁
・森上史朗「カンファレンス」森上史朗・柏女霊峰『保育用語辞典 第6版』ミネルヴァ書房、2010年、194頁
・大豆生田啓友・三谷大紀・高嶋景子『保育の質を高めるための取り組みの具体的提案―「保育の質を高めるための体制と研修に関する研究」報告書』全国私立保育園連盟、2011年

シーン1
新入園の頃

ストーリー
映像時間 約3分

満開の桜が美しい4月。新入園児たちが仲間入りして、にぎやかな生活がスタートするこの季節。園長がバスで登園してきた子どもたちに「おはよう」と声をかける。門のところで泣くしょうま。教室にも他の子どもたちの泣き声が響く。大粒の涙をこぼしたり、台の下にもぐりこんで床に突っ伏したり。「少しずつ様子を見て…」と保育者も苦笑い。

朝から泣き続けるしょうまを外へ連れ出そうと、保育者が声をかける。泣き疲れて呆然とした表情のまま、保育者と手をつないでしぶしぶ園庭へ。砂場で友だちが遊んでいる様子やメダカのいる池などを見て回るが、一向に気分は晴れない。その時ふと、しょうまの目にとまったのは、ウコッケイのあおいちゃん。保育者がエサ（菜っ葉）をやるよう促す。ウコッケイがエサをつつく様子を見て、初めて歯を見せてにっこりするしょうま。その夢中な様子を見て、保育者はそっと離れる。ウコッケイを両手で抱きかかえて、保育者やお友だちに見せに行くしょうま。先ほどまでとはまるで別人のようだった。

■ 実践の背景

* このシーンは入園から数日経過した日の出来事。しょうまは、入園直後は何も受け入れられないという状態であったが、毎日通ううちに安心感を少しずつ得て、ようやく外に目が向けられるようになってきていた。ここで保育者は、しょうまにべったりと個人対個人で向き合うのではなく、程よい距離感を保ちながら接する選択をしている。
* しょうまがウコッケイのあおいちゃんに興味を持ち始めたのを見計らって、この保育者はその場からスーッと離れている。子どもにとって、初めて自分の興味のわく対象が見つかり、少し不安が取り除かれた瞬間である。保育者は、子どもが自分の世界の中に入っていけることを促すような関わり方を心がけている。
* 新入園の時期は、大胆に大暴れをする子ども、隠れてシクシク泣く子ども、全く動じずにキョトンとしている子どもなどさまざま…。泣き続けて帰るだけを1ヵ月近く続ける子どももいれば、「園が楽しい」とすぐに馴染んでいたのに、大型連休明けから急に泣くようになって、結果長引いてしまう子どももいる。
* この園では、通園バスの体制を、普段は運転手一人に保育者が一人添乗しているが、新入園のこの時期は、添乗保育者を二人にしている。

■ 議論の視点

①登園を不安がる新入園児に関わる時、
あなたが大切にしていることはなんですか？

　子どもにとって、信頼関係が構築されていない大人が「だいじょうぶ」と言っても、その言葉をにわかに信じることはできないだろう。保育者が直接的に手を差し伸べて、励ましたりして、園に慣れさせようとする方法があるが、子どもと直接関わらなくても、親とにこやかに話をして、仲がよくなることで、間接的に子どもの信頼が得られる場合もあるだろう。

　多くの子どもにとっては、親元から離れて全く知らない集団の中に入っていくことは人生初の経験である。「園から小学校への移行」や「小学校から中学校への移行」などと比べてもその負荷は大きく「危機的移行」だと言える。

②保育者がしょうまを外に誘った意味はなんだろう？

　屋外のほうが自然の素材があり、環境が多様である。興味関心の入口がより多く、また気持ちも開放的になりやすい傾向がある。外に出て行く時の子どもの心境はどういうものだろう。具体的にイメージしてみよう。

③家庭から園への移行（親子の分離）をする上で、
どういう準備、工夫が考えられるだろう？

　園によっては、入園前の期間に親と一緒に登園して一定時間を園で過ごして建物

や生活のリズムに徐々に慣れてもらう準備期間を設ける園もある。園バスによる通園と親子それぞれで登園するスタイルとでは、分離の仕方も違うだろう。

クラスの空間構成、遊具の設定、月〜金曜そして週末など子どもの生活と曜日の関係等、どんな工夫ができるか考えてみよう。

また、分離がスムースに進むことだけが大切かどうか、考えてみよう。

映像スクリプト

4月…、
親元から離れ、
初めて社会に出る新入園児が今年もやって来ます。

園長：「はい、おはよう！」

中丸園長は、
この光景を30年間見てきました。

（男の子が大泣きしながら）
子ども：「おかあさんが、いい」

園長：「今年は元気ですね」

（「ひまわり組」のクラスプレート〜教室内へ）

子ども：「ママ〜」

子ども：「エ〜ン」

年少のひまわり組は、泣き声の大合唱。

みんな泣き方にも個性があります。

担任:「まだ初めてで、こっちもね…。少しずつ様子を
　　見ていきよる感じなんですけど」

　　　　＊　＊　＊

その中のひとり、しょうまくんは朝から泣きっぱなしです。

(泣きじゃくるしょうま)

先生はしょうまくんを外へ誘います。

担任:「しょうちゃんも行こう。行こうや…、しょうまくん。
　　しょうまくん…、行こう…。行こ、行こ、行こ…。」

(少し後…、泣きはらした目で、口をぽかんと開けながら外を見つめるしょうま)

(先生と手をつないで歩くしょうま)

先生、なんとか連れ出すことに成功しました。

「ここは、楽しいところなんだよ」
先生はしょうまくんに、そう伝えたかったんです。

(先生としょうま、池をのぞき込みながら)
担任:「めだかがおったりするんだよ。
　　とんぼの幼虫が来たりするんだよ」

(しょうま、園舎の裏庭を歩きながら…)

しょうま:「あれ?」

　しょうまくんが何かを見つけました。

担任：「いたね…。いたね…。エサ待ってるんだよ…」

　ウコッケイのあおいちゃんです。

担任：「食べるかな…？　どうぞ。あ～喜んどるじゃん。
　　食べよる、食べよる」

　この日初めて、しょうまくんが笑いました。
　先生はそっとそばを離れます。

（そーっと、あおいちゃんを抱き上げるしょうま）

しょうま：「ほら～～！」

　あおいちゃんが、しょうまくんの最初の友だちになりました。

シーン2
登ってやる！

ストーリー
映像時間 約3分

園庭の「屋根登り」と呼ばれる大型遊具。次々と屋根の斜面を駆け上がる子どもと、その様子を見守る保育者がいる。屋根の上から垂れ下がっている長さの違う2本のロープは、斜面をある程度の高さまで駆け上がらないとつかむことができないよう、絶妙な長さに調整されている。見事、ロープをつかむ子どももいれば、ロープをつかめずに滑り落ちてしまう子どももいる。

遊具には「きけん　おとながてつだってのぼらせないでください」と注意が書かれている。「まだ登る力のない子を登らせると危ないんですね。登る力が育ってきた子は（あの高さは）大丈夫なんです」と園長は語る。

その日も屋根登りに夢中になっている子どもがいた。みずほだ。何度もチャレンジをするうちに、助走の力もついて、ロープの高さまであと少しのところまで駆け上がることができるようになった。次第に大きくなる保育者や友だちの声援。後押しもあってついにロープをつかむことができた。大成功。ロー

プをたぐり寄せて屋根の一番高い所に座り、うれしそうな笑顔を見せるみずほ。屋根の上から見下ろした景色はどのようなものだったのか。

実践の背景

* 屋根登りは、もともとは竪穴式住居のように屋根の下で子どもがじっくりと遊べるようにと想定されて作られた。しかし屋根を登って遊ぶ子どもがむしろ多かったため、登って遊ぶ機能をメインにして改良が重ねられてきた。屋根も片側のみだったのが両側となり、設置場所も森の近くの奥まった所から園庭の目立つ場所に移動された。

* 屋根の一番高い所まで登るためには、ある程度の高さまで自力で駆け上って、ロープをつかまなければならないようになっている。ロープを使って登れるようになった後は、ロープも何も使わずに駆け上がったり、子どもたちの間で"爪登り"と呼ばれる、板の隙間に指を入れて登るやり方など、さまざまなチャレンジを重ねる。

* みずほが最上部に達した時、「できたー！」という声を発したのはみずほの仲良しのくるみ。この時、くるみはまだ屋根登りを達成できてはいないが、友だちの成功に共感する声を上げている。

* 屋根の板は雨ざらしの状態で、ささくれや隙間の広がりなどあるために、日々、職員の手でメンテナンスが行われている。板の打ち付け直しや交換を行うが、その際、子どもの様子を見ながら、難易度を調節している。

■ 議論の視点

①「大人が手伝うこと」の意味を考えてみよう。

　大人が過度に手をさしのべてしまうことで、子どもの遊びと育ちを阻害することが少なくない。子ども自らが、主体的に生活し、自らの力を伸ばす遊びにチャレンジできるために、「手伝う」ことの意味を捉え直してみよう。

②ロープの長さはなぜあのように設定されているのか考えてみよう。

　挑戦的な活動に子どもが夢中になる時は、「もう少しがんばればできる」という環境が大切だと言われている。子どもの力を保育者が見極め、「挑む気持ちを促す環境」「手応えのある環境」という視点を持つことも重要ではないだろうか。

③子どものそばにいる保育者はどのような役割を果たすだろうか？

　保育者がそばにいることで勇気がわく子どもがいる。「できた」瞬間の喜びを共有する（見ていてくれる）存在は、大きな安心につながり、また次の挑戦につながるだろう。一方で、一人で取り組むほうがよい場合もあるが、それらの違いはなんだろう？後押しする言葉、具体的に教える言葉、評価する言葉、共感する言葉を挙げてみよう。

映像スクリプト

ここにある遊具は、ほとんどが手作り。
これは、竪穴式住居をイメージしたものです。
この中で、子どもたちが遊んでくれたらという思いで作ったんですが…。

子ども：「見ててよ～」

（遊具に向かって走り、登ろうとする子どもたち）

子どもたちが夢中になったのは、この遊具の屋根。
いつの間にか子どもたちからは、
「屋根登り」と呼ばれるようになりました。
屋根登りには、長さの違う2本のロープがぶら下がっています。

男の子：「負けてたまるもんか」

（屋根を駆け上がってロープをつかもうとする）

このロープ、子どもたちが届きそうで届かない、
微妙な長さにしてあるんです。

そして、大切な約束があります。
「大人が、手伝っては、いけない」

**園長：「まだ、登る力がない子を登らせると危ないんですね。
　　登る力が知らないうちに育ってきた子は大丈夫なんです」**

上級者になるとご覧の通り。

（ロープにつかまらずに、一気にてっぺんまで駆け上がる男の子）

*　*　*

年少のみずほちゃんも、
屋根登りに夢中な一人です。

(みずほ、屋根登りに何度も挑戦…、しかしロープに届かず)

何度も何度もロープをめざすんですが、
あとちょっと…が、なかなかなんです。

先生も、我慢、我慢…。

今度こそ…　今度こそ…
みずほちゃんは、思い続けてきました。

保育者:「両方の手で持つんよ」
みずほ:「うん！」
保育者:「行け！」
みずほ:「よぉ〜し」

(いきおいをつけて屋根に向かって走り出すみずほ)

保育者:「それ！」

(みずほ、ロープに手が届く！)

周囲:「お〜！ 届いた、届いた！！」

保育者:「がんばれっ、みーちゃん、がんばれっ！」

(みずほ、ロープを手で引き寄せながら屋根をゆっくり登っていく)

保育者:「よいしょ〜！ やったねぇ。手で持つんよ、しっかり」

友だち:「できたー！」

保育者:「やったね〜！みーちゃん〜」

（登りきったみずほの表情が緩まる）

ここって、友だちが、あんなに小さく見えるんだ！

夢中になること。
達成感は、そのご褒美です。

シーン3
コマに夢中！

ストーリー
映像時間 約5分

園舎の一角にコマ回しの空間がある。コマ回し専用のボードをたくさんの子どもたちが取り囲んでいる。園長の目の前で5回連続でコマ回しに成功すると、自分の名前が書かれたコマをもらえるルール。「よっしゃー！コマGet！」。成功してコマを受け取り、得意そうな表情をする子どもたち。

コマ回しを始めたばかりのだいき。何度チャレンジしても、飛び跳ねたり、横向きに転がったり…。しかし決してあきらめずに、紐をコマに巻き付けては、投げる動作をひたすら繰り返す。努力の甲斐あって、初めてコマ回しに成功。うれしそうな顔をするだいき。

数日後、だいきのコマ回しは連続で成功するようになっていた。満を持して園長に声をかけて、5回連続にチャレンジ。ところがさっきまでうまくいっていたはずなのに、園長の見ている前では、緊張から何度やってもうまくいかない。「乗り越えてほしいし、それだけに乗り越えた時は喜びも大きい」と

園長は語る。だいきの練習は続く。

さらに数日後、5回連続に再度チャレンジ。投げる前に手を左右に動かす自分なりのテクニックも身につけたようだ。何度か失敗しつつも、なんとか4回連続で成功する。友だちの声援を受けて、だいきの顔に汗がにじむ。そしてついに5回目に成功し、思わずガッツポーズ。「おめでとう」と手渡された自分だけのコマを、じっくりとかみしめるように眺めるだいきだった。

実践の背景

* この園では、クラス単位の活動以外は、ほぼ自由な遊び時間である。子どもたちは室内外から好きなことを選んで思い思いに遊んでおり、コマ回しもその一つである。ただし、一年を通じて遊べるわけではなく、春から夏休みまでの期間はコマを出していない。紐を首に巻いてしまったり、使い方を間違えると危険な面もあるため、子どもたちが落ち着いて、基本的なルールがわかるようになる9月頃から出すようにしている。
* 5回連続で成功させると自分のコマをプレゼントするという企画は、横浜市のある保育園での実践を参考にしたもので、この実践が撮影された当時は、1回目から5回目まですべて園長が立ち会っていたが、現在は最後の5回目のみの立ち会いとなっていて、4回目までは、他の保育者などが見ていればよいというルールに変更されている。
* この5回連続成功でコマをもらえるのは年長のみである。年少年中も一

緒に遊んでおり、中には5回連続で回せる子もいるが、年長になるまでコマをもらうことはできない。
* 5回連続回しに成功した子どもは、裏返したビンの蓋を狙って回したり、手のひらで回したりする技に挑んだりする。他の子どもと回せる時間の長さを競ったりして、より高度な技をめざす場合が多い。一方で、5回連続回しに成功した後は、コマ遊びそのものに全く興味を示さなくなる子どもも見られる。

議論の視点

①何がだいきのモチベーションを持続させたのだろう？

だいきがコマに夢中になる気持ちを想像してみよう。だいきがコマ回しを始めてから、5回連続回しに成功するまで約2週間かかっている。最後までモチベーションが持続したのはなぜだろう。「My コマがもらえる」ということ以外に、時間的・空間的環境や人間関係の影響について考えてみよう。

②ご褒美を設定することの是非、そして設定するならどういう方法があるか考えてみよう。

ご褒美を設定することが、子どもの遊びにどのような効果をもたらすだろうか。またマイナス面はないだろうか。子どもの遊びにおける外発的な動機付けと内発的な動機付けを考えてみよう。

③コマ回しによって子どもの何が育つだろう？

多くの園で、コマ回しが定番の遊具になっている理由は何かを考えてみよう。コマ回しに共通するような、子どもを惹きつけ、熱中させる遊びとして、他には何があるだろうか。けん玉、お手玉、おはじき、メンコ、ベーゴマ、折り紙、かるた、竹トンボ、あやとり等々、昔ながらの遊びと比較してみよう。

映像スクリプト

ホールでは、ある遊びに夢中になっている
子どもたちがいました。

男の子：「よっしゃー！回ったー！」

その遊びとは、コマ回し。

園長：「4までいくんだからなぁ、すごいね」

流行の仕掛け人は園長です。

男の子：「よっしゃ！コマ Get！」
園長：「よーし、オッケー！」

園長：「はい、ちかちゃんも5回、オッケー！」

園長の見ている前で連続5回コマを回すと、
名前入りの「My コマ」をプレゼントしてもらえるんです。

園長：「はい、ちかちゃん、おめでとう！ はやとくん、おめでとう！」

これに子どもたちは夢中になりました。

でも、コマ回しは、そう簡単なもんじゃありません。
そこには、園長の狙いがありました。

園長:「いろんなハードルがあるわけですね、子どもにはね。
　　それを一つ一つクリアしていかなきゃならないんで…」

小さな手でコマに紐を巻く。
それだけでも子どもには大変な集中力がいるんです。

　　　　＊　＊　＊

コマに夢中になっている一人、年長のだいきくんです。

うまく紐を巻けても、回すのはもっと難しいんです。

園長:「惜しいなー。がんばるねぇ」

午後になっても、だいきくんはひたすらコマ回しの練習です。

(だいき、懸命に練習する)

回った！初めてコマが回った！
誰も見ていなかったけど、うれしくって仕方ありません。

(回るコマをのぞき込むだいき)

　　　　＊　＊　＊

だいきくんが練習を始めて一週間。

だいき:「1回目！」

　ずいぶん腕を上げていました。

だいき:「先生見てないけど、2 回目」

　この日のだいきくんは絶好調です。

（だいき、職員室にて）
だいき:「園長先生、コマ回します」
園長:「そう、できるようになった？よし、行ってみようか」

　いよいよ、My コマ Get に挑戦です。

　ところが、
何度やってもうまくコマを回せません。
こんなはずじゃあないんだけど…。
もしかしたら初めて経験するプレッシャーなのかも。

園長:「精神的な影響がすごく大きいなと思いますね。でもそれを
　　　乗り越えてほしいし、それだけに乗り越えた時は喜びも大きい…」

　この日も、だいきくんは、
帰るまでコマを回し続けました。

　　　　　　＊　＊　＊

　だいきくんがコマ回しを始めて 2 週間が過ぎました。

だいき:「先生、回った！」

　これまで何度も、連続 4 回までは、できました。
でも、あと 1 回の壁が越えられません。

　この時、園長は、この遊びから生まれた
もっと大切なことに気づいていました。

友だち：「次はできるさ」
友だち：「がんばれ！」

友だち：「だいきくん、回った！」
友だち：「おー！4回！！」

　まわりの友だちが、
だいきくんを応援するようになっていたのです。

友だち：「いっけー！」「いけー」
友だち：「がんばれ〜！」

　また連続4回、回せました。
何度もぶつかってきた最後の壁。

（だいき、ついに5回目を回す）

周囲の声：「お〜！」「やった〜〜！！」

（ガッツポーズのだいきくん）

園長：「すごい、すごい。よくがんばったね」

　だいきくん、ついに壁を乗り越えました。

園長：「はい、それじゃ、だいちゃん、おめでとう〜！」

　だいきくんにとって、このコマは宝物。
　コマがたくさんのことを教えてくれました。

シーン 4
どろだんごの時間

■ ストーリー
映像時間 約2分

園舎の裏側にある軒下は、どろだんご作りの場所になっている。自然と子どもが集まり、それぞれが思い思いにどろだんご作りを楽しんでいる。バケツから泥をすくって丸くしたり、きめの細かい粉状の土（さらこな）を振りかけたり。土をふるいにかけて、さらこな作りにいそしむ子どもがいる。

子どもが、どろだんごの作り方を説明する。「泥を水にぬらして、それをとって丸めて、さらこなを作ってかける」。「どろだんごの歌」を歌いながら、楽しげにどろだんごを丸める子どもたち。中には、和菓子職人顔負けの手際の良さで、粉をまぶしている子どもや、いよいよ仕上げの段階に入り、やさしく繊細な手つきで表面をなでている子どももいる。

完成したどろだんごは、球形で表面はつるつるに磨かれている。光沢を放っているものや個性的な形のどろだんごもあり、園の宝物、芸術作品として大切に飾られることもある。

■ 実践の背景

* 園庭の目立つところにある砂場周辺ではなく、あまり人目につかない園舎の裏側でどろだんご作りが展開されている。場所は保育者が決めたのではなく、子どもたちが自然に集まってきたのだという。
* 季節を問わず、熱心にどろだんごを作る子どもがいる。ただ、この園で毎年開催される作品展では、子どもたちが作ったどろだんごを飾るため、その時期前には、どろだんご作りが特に盛んになる。
* 子どもたちは、丸める時には水分の多い泥、仕上げには粒子の細かい「さらこな」というように、数種類の土や泥を使っており、園のどこにどういう種類の泥があるかを理解している。
* どろだんごは、30〜40分かけて作ればほぼ形にはなるが、まだ柔らかくて壊れやすい。下に落としても割れないほど頑丈などろだんごを作るためには、少なくとも半日はかかると言われている。作りかけのどろだんごに水をつけて手で固く握りしめ、「さらこな」を振りかけ、丸い形になるように表面をなでる。この工程を何度も繰り返すことで、層が厚くて硬い、ピカピカのどろだんごが完成する。
* 靴箱に「マイどろだんご」を入れて、何日もかけて育てる子どももいる。中には、学年が変わっても持ち続ける強者も…。深い愛着を持って、生き物のようにどろだんごを扱う。壊れた時は涙が出るほど悲しむ子どももいれば、あっさりと「また作ればいい」という姿勢の子どももいる。
* どろだんご作りは、数人が誘い合わせて、にぎやかなおしゃべりをしな

がらやることもあるし、一人で黙々と取り組むこともある。また、他の遊びや人間関係などに疲れた様子の子どもが、少しの間、この場所で過ごしていくようなケースも見られる。

議論の視点

①子どもにとってどろだんご作りの魅力はなんだろう？

土や泥そのものの感触を味わうおもしろさとはなんだろう。夢中になってしまう要素はなんだろう。また、どろだんご作りをすることによって、気が紛れたり、癒されたりする効果は期待できないだろうか。次の遊びに踏み出すための助走時間やつなぎの役割はないだろうか。

②子どもがどろだんご作りをする時、どのような場所を選ぶだろうか？

この園の子どもたちは、どろだんご作りを園庭などでは行わず、「人目につかない」園舎の裏側を好んでいる。これにはどういう意味があるだろうか？ また、その意味を踏まえて、保育環境について考えてみよう。

映像スクリプト

園舎の裏庭に、
いつも子どもたちが集まっている場所があります。

雨が降りこまないこの場所には乾いた砂があります。
小さな手で、まるで慈しむように作られているのは、
どろだんごです。

ふるいにかけて作るきめ細かい砂。
子どもたちが「さらこな（サラ粉）」と呼ぶこの砂は
どろだんご作りにかかせません。

カメラマン：「どうやって作るの？」
女の子：「泥をね…。あの…水にぬらして、それをとってまるめて、
　　　さらこな、作って、かける」

（女の子が歌う）
♪ おだんごづくりは　たのしいな〜
　コロコロまるい　おだんごは〜
　だんだんピカピカ　光ってく〜
　コロコロ　ツルツル
　ピッカピカ ♪

年長のあやかちゃんはどろだんご作りの名人です。

カメラマン：「すごいなぁ〜、手際が」

（あやか、そのまま作り続ける）

作り始めてわずか40分。
手のひらよりも大きなどろだんごが完成しました。
子どもたちの手が生み出すアートです。

シーン 5
積木の遊びは続く

ストーリー
映像時間 約3分

あおぞら組(年長)の積木コーナー。さまざまな形状の積木が木箱やプラスチック製のケースに収められている。その中から、玉ころがしの積木で遊び始める子どもがいた。積み木には溝があり、積み上げた積木の中を玉が転がるようになっている。一番高い所にある積木の穴に玉を入れると、複雑な経路をたどって下から玉が出てくる。

積み上げる際にバランスが悪かったり、うっかり触れてしまったりして、壊れては作り直すことを繰り返す子どももいる。しかし、頭の中にイメージはしっかりとできているので、同じものを何度でも作ることができる。ようやく完成し、「やっとできたね」と声をかけられ、うれしそうな表情に。

子どもたちの作品でいっぱいになってきた頃、玉が転がる様子を近くで撮ろうとしたカメラマンの機材が別の作品にぶつかり、積木の一部が崩れてしまうハプニングが発生。「あーあ」「カメラマンがやった」「カメラマンが壊した」

と口々に責める子どもたち。「ごめんなさい」と謝るカメラマン。

自分の作品のために、あるレールの部品が欲しくなった子どもがいた。しかし、その部品は友だちの作品の中に使われている。「だまってとったら怒られるから、言うしかない」とつぶやく。友だちに「これが欲しい」とお願いすると、快く渡してくれた。

部屋いっぱいに子どもたちの積木作品が広がっていく。壮観である。

実践の背景

* この園では、積木はいくつかの種類とかなりの数が用意されている。また各クラスには、常設の積木遊びのコーナーがある。
* 子どもたちの積木作品は、月曜日から金曜日まではそのままの形で残されるが、金曜日の片づけの時間にリセットされて、月曜は何もない状態からスタートすることになっている。ただし、ちょうどよい頃合いということで「1週間」が基本ルールとなっているが、絶対的なルールではなく、壊すのが惜しいほどの力作が出来上がりつつある時など、子どもたちと話し合いの上、翌週も引き続きそのままの形で残しておく場合もある。
* この映像が撮影された年、あおぞら組は積木遊びをする子どもが多くいて、部屋全体に積木作品の制作が広がることがたくさんあった。一方、

　隣のクラスのたいよう組は外遊びが好きな子どもが多く、複雑な積木の遊びが展開されることはなかった。その年によって、歌をよく歌うクラス、紙工作が好きなクラスなど、子どもや保育者の個性がクラスの雰囲気や遊びに反映される。
* 積木遊びは、傍目には、ただ子どもが積むという単純な作業を繰り返しているようにしか見えなくても、子どもは自分のイメージを持ち、研ぎ澄まされた集中力を発揮して指先を動かしながら、思考を巡らせていることがある。こうした時、保育者は、その行為自体が学びにもつながる豊かな体験となっていることに注目している。

■ 議論の視点

①積木遊びにおける時間と空間と道具選びの大切さや、保育者の役割について考えてみよう。

　子どもが積木で何かを作りたくなる、遊びたくなる前提には何があるだろうか。そして、子どもは積み方をどのように会得していくだろう。保育環境の条件が、積木遊びの広がりにどのような影響を与えているか考えてみよう。また、保育者が関わったほうがよい状況とそうでない状況の違いは何かを考えよう。

②片づけのルールが積木遊びにどのような影響があるか考えてみよう。

　積木コーナーをひと月でもふた月でもそのままの形で残しておく園もあれば、一

日の終わりにすべて片づける園もある。それらの違いによって、積木遊びや他の同種の遊びにどのような良い面、悪い面があるだろう。

③積木遊びが育てる人間関係について考えてみよう。

　カメラマンが壊したことを、子どもたちが比較的冷静に受け止めることができているのはなぜだろう。また、積木の貸し借りのルールが自然に生まれた背景はなんだろう。

映像スクリプト

月曜日の朝。
あおぞら組の積木は、
きれいに片づけられています。

今週最初の積木遊びが始まりました。
一見、何気なく積み上げられているように見えますが…。

男の子:「ここを積木足して…」
カメラマン:「(玉が) 通って…」
男の子:「ここの中に穴があって、これをずーっときて、こういく」
カメラマン:「へぇ～っ」

穴や溝があいた積木を組み合わせて
どのように玉を動かすか、
子どもたちは何度も確かめて作品を作ります。

　設計図は子どもたちの頭の中。
　作品が複雑になればなるほど難しくなります。

　何度もトライしてやっと完成。

子ども：「光っとる、光っとる。虹のように光っとる」
カメラマン：「やっとできたね。やっとできたね」
子ども：「(うん)」

　子どもたちにとって、作品は宝物です。
　それを守るためのルールも自然にできています。

　ある日、撮影していたカメラマンが…

　(ガラガラガラ…、カメラで積木を崩してしまう…)

子ども：「あ〜あ、カメラマンがやったぁ〜」
子ども：「カメラマンが壊した〜」
子ども：「カメラマン、直して〜」
カメラマン：「ごめんなさい」

　人の作品を壊してはいけない。
　子どもたちの中から生まれたルールです。

　人が使っている積木が欲しい時は、
　必ず作者の許可をとらなくてはなりません。

カメラマン：「あれが欲しいの？」
男の子：「だまってとったら怒られるから、言うしかない」

　(他の子どもの作りかけの作品に寄っていく男の子)

男の子:「これが欲しい」
子ども:「いいよ、ハイ」
男の子:「ありがとう」

　積木遊びの楽しさに出会うと、
　明日もこの続きを作りたいという欲求が生まれてきます。

　この園では、月曜から金曜まで
　作りかけの積木は片づけないことにしています。
　時には、作品が教室半分まで成長することもあります。

（クラス全体に広がる積木遊び）

シーン6
高さを求めて

ストーリー

映像時間 約3分

はなみがウレタン積木を交互に規則正しく積み上げて遊んでいる。箱積木を重ねて足場にしながら、さらに高く積み上げる。はなみが箱積木を取りに行っている隙に、りょうたが足場に登り、我が物顔で積木を積み始めた。はなみは「りょうたくんやめて」「りょうたくん自分で作って」と注意するが、「いいじゃんか」とりょうたは一向にやめるそぶりを見せない。

あきらめて、別の場所で一から積み始めるはなみ。手伝ってくれる友だちもいて、すぐにりょうたの積木の高さに追いつく。足場が足らなくなった様子を見て、保育者が大きな脚立を持ってきた。保育者の助けも借りながら、さらに高く積み上げる。相当な高さになって、最後は保育者が手を伸ばして積み上げた瞬間、大きく傾いて倒れてしまう。床に散らばるウレタン積木。

今度は、りょうたの積木の手伝いに回るはなみ。その表情は心なしかすっきりとしているように見えた。

■ 実践の背景

* スカイツリーが話題を呼んでいた頃、ウレタン積木や箱積木などで、積木を高く積む遊びがよく行われていた。
* 保育者は、はなみがコツコツと積み上げていたことを見ていた。そして、目立ちたがり屋の賢いりょうたが手を出そうとする状況も把握して、何度か注意を促していた。結果的にはなみの積木は横取りされ、新たな場所で一から作り始めることになった。りょうたは再びその積木にも関心を持ち始めたことを察知した保育者は、はなみがより高く積みたいという気持ちがあることを確認して、サポートのために脚立を持っていった。りょうたは脚立にも登りたがったが、「りょうたの積木はあっち」と伝えて、はなみの積木として大切に扱う関わりを重視した。
* 最終的に、積木は倒れてしまったものの、相当な高さまで積み上げることができたこと、また、りょうたの積木の高さにも勝つことができたので、はなみとしては、モヤモヤしていた気持ちは解消されたようだった。

■ 議論の視点

①りょうたは、なぜはなみの積木に手を出そうとしたのだろうか？

　同じ積木を用いて、同じように積んでいて、同じように高さが展開されているのに、なぜ他の積木遊びに干渉しようとしたのだろうか。またこういう時、あなたならどのように関わり、どんな言葉がけをするだろう。

②保育者が一人の遊びに深く関わる判断と意図について考えてみよう。

　はなみやりょうたがホールで積木遊びをしている時間は「自由遊び」の時間帯であり、他の子どもたちは、園庭で外遊びをしたり、自分のクラスの部屋で遊ぶなど、いろいろな場所に分散して遊んでいる状況にある。その中で、この保育者ははなみ一人の遊びに脚立を用意してまでじっくりと関わっている。その判断の根拠や意図はどのようなものだったのか考えてみよう。

映像スクリプト

この日、年長のはなみちゃんが、レンガブロックで
スカイツリーを作っていました。

（足場になる）台を取りに行った時です。

はなみ：「どいて！」

　男の子たちが割り込んできました。

はなみ：「ねえ、りょうたくんやめて！ りょうたくん、自分で作って」
りょうた：「いいじゃん」
はなみ：「うちが作ったんじゃけえ」
りょうた：「いい〜じゃん」
はなみ：「………」

　はなみちゃん、
　あきらめて作り直すことにしました。

(はなみは、次々とレンガブロックを積み上げていく)

自分の作品を横取りされたんです。
男の子たちに負けるわけにはいきません。

隣の男の子たちをついに逆転！
もう積み上げられないというところで先生が
脚立を持ってきてくれました。

はなみ：「せんせい、とどかん！」
保育者：「ちょっと待って。いい？　やっても…。
　　　（はなみの体を支え）**持っておいてあげる…**」

いつの間にか男の子も手伝ってくれ、
高さは、はなみちゃんの背丈の倍以上になりました。

(脚立の上のはなみの手が届かなくなり、先生がその上にさらに積む)
(突然、積み上げたレンガブロックが揺れ…)

保育者：「あ〜〜！！」

(一気に崩れる)

崩れたらまた作り直せばいいんです。

(箱積木を動かすはなみ)

今度ははなみちゃん、
男の子と一緒に作ることにしました。

シーン 7
ケンカもいろいろ

■ ストーリー　　　　　　　　　　　　　　　　　　　映像時間 約9分

ガムテープ（の芯）をめぐる年少のさとしとひなたの攻防。「ボクが先に見つけた」と奪い返すひなたを、さとしがゲンコツで叩いた。「さとし、もう嫌い」「おれ、ひなた、最初から嫌いだった」と応酬が続く。その2人のそばで黙々と作業するてっぺい。突然、「おれ、てっぺいが大好き」と言い出すさとし。「ボクも、てっぺいが大好き」とひなたは重ね、一瞬にしてとげとげしかった雰囲気がやわらぐ。「おれ、さとしのこと、大好き」とひなた。みんな笑顔に。

年少のクラス活動の時間。椅子を持って好きな場所に移動する子どもたち。りのんの隣に座りたいゆうきが、後にくっついて回るが、「一人で座りたい」とりのんは主張する。手をつかんだり、抱きすくめたり、服を引っ張ったり、あらゆる手を使って気を引こうとするゆうきだが、りのんの態度はつれない。保育者にりのんの気持ちを尊重するように言われて、一度はあきらめたかのように見えたが、結局、りのんの隣にそっと椅子を移動させるゆうき。並んで歌いながらも、少し微妙な表情の2人。

三輪車をめぐる攻防。最初は、男の子同士で取り合いをしていたが、年中のりくに代わって同じクラスのはるかが引っ張り始める。「じゃんけんで決めて」と仲裁に入る子どももいるが、両者とも手を離さない。三輪車はガッチリとつかんで離さなかったはるかの手に。はるかは立ち上がってりくを呼んで三輪車を手渡す。りくは、その三輪車に乗るが、すぐに降りてしまう。「やりたかったんじゃないの？」と聞かれたはるかは「家にある」と答える。取り合いの三輪車は放置された。

水たまりに薄氷が張った園庭。寒空の下、大きなたらいで数人分の靴下を洗濯する年長のはるか。冷たい水にも「もう慣れた」と言い、靴下を1足ごとにまとめ、深いため息をつく。洗い終えた靴下を片手に、裸足で持ち主を探し回るはるか。友だちが数人「はるか、ごめん」と笑いながら、近寄ってくる。靴下を渡した瞬間、はるかの目から涙がこぼれる。ぬれた"靴下だんご"を持つ子どもたちは、保育者にはるかが進んで洗ってくれたこと、着替えて外に出てきたら、泣いていたことなどを説明。その後、はるかが一人でみんなの靴下を洗わされていた事実が判明。保育者はその行動をたしなめる。はるかに「ありがとう」とお礼を言う友だち。

年長の女の子同士のトラブル。目に涙を浮かべて訴えるあやな。それに対して口々に反論する女の子たち。その表情はすっかり大人びている。怒った表情でその場を離れ、別の場所で遊び始めたななみを追いかけるあやな。「ごめんね」と声をかける。すっかり機嫌が直り、おどける女の子たち。

実践の背景

* はるかに靴下を洗わせていた女の子たちは、気が強く、保育者とぶつかることも多いグループであった。保育者があえて見て見ぬふりをしていても「先生が見ているのを、知ってるよ」などと指摘するほど知恵が回る場面もあった。決して仲が悪いわけではないが、わざと意地悪をしたり、用事を頼んだりといった小さなトラブルは日々頻繁に起きていた。
* トラブルやケンカが起きた時、怪我に至るような場合を除いて、保育者がすぐに割って入ったり、白黒をつけたりはせず、できるところまでは子どもたち自身に解決させる場合がある。シーンの最後の場面（年長の女の子の口ゲンカ）でも、実は、保育者が少し離れた所で声だけを聞いて様子を窺い、口を出すべきかどうか、タイミングを計っていた。この時は、この子どもたちは自分たちで解決するまで話し合える力があると判断したため最後まで様子を見ることにした。
* 保育者は、子どもが心の中にしこりを残さずに、クリアになって次に進めるよう、例えば、言いたいことをすべて言えるように支えることなどを心がけている。特に、年長に対しては、ちゃんと話し合って自分たちで解決するように、最後は「自分たちでどうにかしてね」と突き放すこともある。一方で、一見トラブルが解決したように見えても、時間が経ってもなお子どもの表情がスッキリしていない場合は、「まだ解決になっていないよね」と再び介入することもある。

議論の視点

①りくとはるかはなぜ三輪車で遊ばなかったのだろう？

　欲しくて取り合っていた三輪車だったが、最初に欲しがっていたりくも、手助けしてあげたはるかも、どちらも三輪車では遊ぼうとせず、そのまま放置される結果となった。ケンカの間に起こった心の変化について考えてみよう。

②ケンカの後、子どもはどのような気持ちになっているだろうか？

　子どものいろんな心をイメージしてみよう。ケンカで勝利して自分の思いを通しても、モヤモヤが残りスッキリと遊ぶ気持ちにはなれないことがよくある。りのんにくっつきたがったゆうきも、最後に無理やり隣に座ったものの、決して満足そうな表情ではなかった。

③ケンカなどのトラブルに対する保育者の関わりについて考えてみよう

　子どもにとって、ケンカなどの体験は、相手の気持ちや立場、そして自分自身についての気づきにつながる。保育者がいつ、どのように介入するのか、もしくは介入せずに当事者にまかせるかの判断は大切である。
　即座に介入してケンカの原因を突き止め、誰がどのように悪いのか、なぜ起きたのかを明確にする関わり方と、むしろケンカは社会性を育てる材料であるととらえ、子ども自身がどう感じて対応すべきか考えることを重視する関わり方がある。

映像スクリプト

なにやら怪しい雲行き…、人が集まれば…

男の子:「おまえは知らん!」(相手を叩く)

トラブルはつきものです。

年少のすみれ組で、ケンカが始まりました。

担任:「叩くな!」
ひなた:「……ボォクが先に見つけた!」
　(勢いよくひなたを叩くさとし)
担任:「やぁめて」
ひなた:「叩くな!」
　(そう言われても叩く、さとし)
ひなた:「さとし、もう、きらい!」
　(さらに叩くさとし)
担任:「口でケンカしんさい、口で〜」
ひなた:「痛い!」

さとし:「おれ、もう、ひなた、最初っから、嫌いだったけぇ」
ひなた:「ボクも最初っから、さとし、嫌いだったけぇ」
さとし:「おれ、てっぺいが大好き」
ひなた:「ボクもてっぺいが大好き。おれが、てっぺい、大好き」
さとし:「おれも、よ〜」
ひなた:「じゃあ、ボク、さとしのこと、大好き(笑)」(二人で笑い出す)

てっぺいくんが、一言もしゃべらず、ケンカを解決しました。

　　　＊　＊　＊

　ちょっぴりせつない出来事もあります。
　ある日の終わりの会。
　椅子を持って、教室内をくるくる回っている2人が…（りのん、ゆうき）。

りのん：「一人で座りたい」
ゆうき：「りのんちゃんと座りたい」
担任：「一人で座りたいんだってよ」

　ゆうきくんは、りのんちゃんのことが大好き。

ゆうき：「ここにすわって！」

　でも、りのんちゃんは言うことを聞いてくれません。
　（りのんにかまい続けるゆうき、そして、りのんは泣き出す）

担任「ゆうきくん。りのんちゃんがなんて言いよるか、
　　　聞いてみんさい、ちゃんと」
りのん：「一人で座る〜」
担任：「…だって」

　りのんちゃん、ゆうきくんと離れた場所に座りました。

　（お帰りの会の歌が始まる）
　（ゆうき、椅子を持って徐々にりのんに近づき…）

　ゆうきくんは、どうしてもりのんちゃんと座りたいんです。
　（ゆうき、りのんの隣に座って、お帰りの会の手遊び歌を歌い出す）

　ゆうきくん、いつか君の想いが伝わるといいね。

＊　＊　＊

　園庭で三輪車の奪い合い勃発！

女の子１：「取りあいしないで」
女の子２：「ジャンケンで決めて〜」
　（子どもたち、口々に発言）
他の子ども：「話しあい！」
男の子：「話しあいでも、これじゃあできない」

　年中のはるかちゃん、どうしても三輪車を離しません。
　相手は年長の男の子。

男の子：「引きずった、引きずった…。おらー！」（男の子、あえて手を離す）

　はるかちゃん、力ずくで三輪車を手に入れました。

はるか：「りくくん、取ったよ」

　え〜っ！？　はるかちゃんが乗りたかったんじゃなかったの？
　いやー、りくくん、良かったね〜！？

　（ちょっと乗って、三輪車から離れてしまう、りく）

　あれ？　あれれ？？　もういいの？　三輪車…？
カメラマン：「はるかちゃん、やりたかったんじゃないの？　三輪車…」
はるか：「ううん。はるかはね、家に（三輪車）あるのね」
カメラマン：「もう、やらんでいいの？」
はるか「うん」
カメラマン：「ははは〜（大笑）」

    ＊　＊　＊

　ある冷え込んだ朝。
　年長のはるかちゃんが、砂で汚れた靴下を洗っていました。

カメラマン：「なんで一人でみんなの洗濯しよるん？」
はるか：「おねがい、って」
カメラマン：「おねがい〜って？　手冷たくないの？」
はるか：「んー、もう、慣れた」

　実ははるかちゃん、我慢してるんです。

はるか：「はあ〜（ため息）」

　やっと４人分の洗濯終了。
　だけど友だちの姿がありません。

（園庭で、裸足のまま友だちを探すはるか）

　この日は池に氷が張るほどの寒い日。

はるか：「もう、どこにおるんかね」

　園内を一回りして、やっと見つけました。

（はるかに向かって笑いながら）
友だち：「はるか、ゴメン」
友だち：「はるか、ゴメン」

（友だち二人とも、靴下を受け取りつつ笑う）

　堪えていたものがあふれてきました。

　友だちは軽い気持ちで頼んでいました。

保育者:「どしたん？泣きよる」
友だち:「靴下ね、はるかが洗うよって言って、中で着替えしとって、
　　　　来たら、泣いとった」
保育者:「先に着替えてたら…ってこと？」
カメラマン:「違うよ。はるちゃんが、一人で全部みんなの靴下
　　　　洗わされよったけん。かわいそうに…」
保育者:「えーーー！」
友だち:「だってはるかが洗うって言うんじゃもん」
保育者:「えー！はるかが洗うって言ったから洗うじゃなくて、
　　　　自分のことは自分でしてください」
友だち:「はい、わかりました」
保育者:「最後まではるかの面倒見てあげて」
カメラマン:「手、冷たかったね」

友だち:「ありがとう」
はるか:「……」
カメラマン:「ねぇ、はるちゃん…」

（園庭。運動靴を手に、裸足で去って行くはるか）

　この後友だちは、はるかちゃんが足を洗うのを手伝ってあげました。

　　　＊　　＊　　＊

ホールで、年長の女の子がもめています。

あやな:「こういう時だけ、ななみ……ばっかり言うんじゃけ」（涙）

ゆり:「別にいいじゃん〜、ななみ……」
ゆな:「……かいねって言っとっただけなんじゃけ…」
　　「ゆりちゃんはりなちゃんの…」

　お互いが、胸の内をぶつけ合います。

ゆな:「でも違う子と遊びたかった…」
あやな:「(泣きながら) あやちゃんも時々遊びたかったのに、
　　　ゆりちゃんがダメーとか言ってからに…」
ゆり:「別にいいじゃん〜」
あやな:「ななみばっか、遊んどったんじゃけぇ」
ゆな:「でも、ゆりちゃんは、違う子と遊んでみたかったんじゃない？」
ゆり:「たぶん、ゆりちゃんも〜」
ゆな:「ゆりちゃんはあゆちゃんたちとか、ずっと遊んどった…」
あやな:「……」
ゆな:「ゆりは関係ある！」
あやな:「なんで？」
ゆな:「あるから…」

　話し合いは決裂…と、思われましたが…

あやな:「ごめんね」
ゆり:「ごめんね」
ゆな:「ごめんね」
あやな:「いいよ」

　「ごめんね」という言葉…。
　大人はなかなか言えないんです。

シーン 8
先生の本気運動会

ストーリー

映像時間 約3分

職員会議。次の月の誕生会での保育者による催し物について話し合われている。「先生が本気で運動会をやって子どもが観戦する」という案が出されて、保育者の意見が割れている。子どもたちに「運動会は楽しい」ことを伝える絶好のチャンスだという意見、自信がないから嫌だという声が聞こえる。

「先生の本気運動会」当日。各種目に真剣に取り組む保育者に、子どもたちが熱い声援を送る。最初は綱引き、続いて三輪車こぎ、最後はリレー。先頭を切ってテープに飛び込む保育者に子どもたちは大喜び。万歳しながらジャンプし、全身でうれしさを表現する。

その後の園庭には、白熱のリレーを再現するかのように、タスキをかけて、満面の笑みでトラックを走る子どもたちがいた。次々とバトンを渡していくが、終わる気配はない。その様子を満足げに眺める保育者たち。エンドレスなリレーが続く。

■ 実践の背景

* 毎月行われる誕生会では、保育者や保護者が、子どもたちに何かをして見せるような出し物を行うことになっている。例えば、保育者が舞台劇や人形劇、コントなどをしたり、保護者の音楽サークルが演奏を披露したりするなど。
* 園の行事である運動会（10月初旬）が近づく8〜9月の誕生会では、子どもたちの運動会の意識を高める狙いもあって、例年、保育者による運動会を行うことが多い。これまでは子どもも参加できる、緩やかな感じで行うことが多かった。この年は、保育者のみで真剣に競い合う運動会を行ってはどうかという案が出されていた。
* このリレー遊びでの保育者の援助は、走りたい子どもを順番に並ばせているだけで、他に指示らしい指示は出していない。勝ち負けのルール設定もしていないため、終わりのないリレーがずっと続くという独特の遊びの世界が展開されることになった。
* 「先生の本気運動会」が行われた後、子どもたちの間でリレー遊びがブームになったように、何かのきっかけを作る、子どもたちのやってみたい気持ちに火をつけるといったことを意識しながら、保育者は働きかけを行っている。

議論の視点

①運動会の観戦がリレー遊びに発展したのはなぜだろう？

　運動会を全員で一緒に見たという共有体験が、遊びの世界を作り上げたのだろうか。保育者の姿に憧れて、真似をしているのだろうか。子どもの意識や記憶に強く刻み込まれた印象を再現したいのだろうか。子どもたち一人ひとりの気持ちを想像してみよう。

②リレー遊びが長く続いた理由や、保育者の援助について考えてみよう。

　この保育者の援助の意図はどのようなものだっただろう。また、他にどのような援助方法があったか、考えてみよう。タスキやバトンなどシンボリックな道具があること、シンプルでわかりやすいルールであること、遊びに入りやすくて抜け出しやすいことなど、遊びが深まった理由をいろいろと探ってみよう。

③保育者による話し合いについて、気づいたことを挙げてみよう。

　この職員会議は、あたかも喫茶店でお茶を飲みながら雑談しているかのように、保育者が笑顔で和気あいあいとだべり場風に語り合っていることに注目してみよう。

映像スクリプト

　９月を迎えたある日。
　職員室で８月生まれの誕生会の出し物について
　話し合いが行われていました。

保育者１：「今回、見せるっていう、テーマなん？」
保育者２：「そうそうそう…」
保育者３：「先生たちの運動会」
保育者４：「多数決とろうや。絶対いやっていう人のほうが多い」
保育者２：「待って待って。子どもたちのことを思うと、あたしらは…」
保育者３：「だって先生が盛り上がると楽しいと思う」
保育者２：「運動会はこんなに楽しいんだよ、ってね」
保育者４：「イヤ！イヤ！イヤ！」
　（やりとりを聞きながら笑っている園長）

　賛否両論あるなかで、誕生会の出し物が決まりました。

　名づけて「先生たちの本気運動会」！
　そして迎えた誕生会当日

　「８月生まれの誕生会」（テロップ）

保育者：「がんばるけーねー！応援してや〜」

　最初の種目は綱引き。

保育者：「よーい！」（パン！！）
子どもたち：「がんばれっ、がんばれ〜っ」

(勝ったほうの先生チームが、「ばんざ〜い」)
先生たちは、予想以上に盛り上がった子どもたちの声援を受けながら、
気持ちだけは、本気の運動会を見せていきます。

(先生たち、今度は三輪車競走)
(子どもたち、おおはしゃぎ！)

そして最も盛り上がったのが「リレー」。
アンカーが最後に逆転劇を見せました。

(子どもたちの声援、最高潮！！)

その日の午後。
子どもたちの間で新しい遊びが始まっていました。

(バトンを手に、リレーする子どもたち)

保育者：「はい、がんばれ〜」

　新しい遊びはリレー遊びです。

保育者：「はい、緑は誰〜？」

　このリレーには、とても珍しい特徴があります。

カメラマン：「このリレー、いつ終わるんですか？」
保育者：「終わりが見えません（笑）。いつになったら終わるでしょう…」

　このリレー遊び。
「エンドレスリレー」と名づけられました。

シーン9
箱んでハイタワー

■ ストーリー 　　　　　　　　　　　　　　　映像時間 約14分

年長のたいよう組とあおぞら組の保育者が、その年の運動会の種目について園長と話し合っている。「子どもたちの持っているものが最大限引き出されるにはどうしたらいいかということ、それが我々にも問われている」と園長。

あおぞら組。運動会競技「箱んでハイタワー」について保育者がルールを説明している。熱心に聞き入る子どもたち。どうすれば箱を高く積み上げることができるか、子どもたちからポンポンとアイデアが飛び出す。その年のあおぞら組は「考えたことを形にする」のが得意な子どもたちが多いため、積木遊びはお手のもの。積木コーナーには見事な作品が広がっている。

もう一方のたいよう組。自由奔放で外遊びの好きな子どもたちが多く、室内遊びはあまり得意でないようだ。あおぞら組と比べると、積木コーナーの作品も少々見劣りする。保育者が「箱んでハイタワー」のルールについて説明をしても、あまり関心を示さず、どこか上の空。箱を高く積み上げるアイデ

アについて考えようと促しても、「やーだー」の大合唱。頭を悩ませる保育者。

たくさんの空き箱をガムテープなどで貼り合わせて、大きな箱のブロックを作る作業が始まった。初めはあまり意欲的でなかったたいよう組も、クラス内で3つのチームに分けてそれぞれで考えさせたことにより、子どもたちがやる気になったようだ。あおぞら組では、一番大きい箱を一番下に置き、そこからだんだんと箱が小さくなるように積み上げて安定したブロックを作るなど、子どもたちによるさまざまな創意工夫が見られた。

1回目の練習試合。園長の合図で箱のブロックを抱えた子どもたちが一斉に走り出し、指定された場所に箱を高く積み上げていく。制限時間を気にしつつ、お互いに協力し合って、箱のタワーがどんどん出来上がっていく。終了の合図で子どもたちは元の位置へ。その時、突然、強い風が吹き、せっかく積み上げた箱が次々に落下してしまう。どうすることもできず、ただ呆然と見守るしかない子どもたち。園長がメジャーを使って、すっかり低くなった箱のタワーを計測（1クラス3ヵ所まで積むことができる。その高さの合計を競う）。結果は、あおぞら組の勝利。かろうじて、一つのタワーが高さを保っていたことが勝因であった。飛び上がって喜ぶ子どもたち。

負けたたいよう組のクラスでは、反省会と作戦会議が開かれていた。保育者の「なんで負けたんだと思う？」という問いかけに、「風！」と答える子どもたち。「でも、風だけかな。あおぞら組のは全部は倒れなかった。たいよう組

のだけ倒れた。風は同じように吹くはず」という保育者の言葉。子どもたちからは、横幅の大きな箱を作って土台部分に置いたり、長い竹の棒に箱を通したりといった、斬新なアイデアが出され、試行錯誤が繰り返される。

2回目の練習試合。たいよう組は、前回よりも大きな箱のブロックを抱えた子どもが多い。大きな箱から小さな箱へ、積み上げる手際も良くなっている。高く積みすぎて箱が落ちるハプニングもあったが、前回とは比べものにならない高さのタワーがいくつも出来上がった。試合が終了、計測タイムへ。今回からカラーテープと水平器を使った計測器が新たに登場。手を合わせて祈るように見守る子どもたち。今回勝ったのはたいよう組。

負けたあおぞら組では、さっそく、箱の改良が行われていた。たくさんの箱を貼り合わせたブロックの上下をダンボールの板で覆い、凸凹のない水平な状態にして、より安定感が出るようにした。また、広げたダンボールの両側に紙パイプを貼り付けて、ダンボールの壁を作り、高く積み上げたタワーの支えになるように工夫した。

そして運動会当日。いよいよ「箱んでハイタワー」の本番、たいよう組の子どももあおぞら組の子どもも、準備万端、やる気満々の様子。スタートの合図で走り出し、所定の場所に箱のブロックをみるみる積み上げていく。「ダンボールの壁」などの秘密兵器も登場。台に乗らなければ届かないほどの高さのタワーがいくつも出来上がっていく。そして、運命の計測タイム。固唾を

のんで見守る子どもたち。たいよう組とあおぞら組の高さを示す2本のテープは、ほぼ同じ長さ。結果は、あおぞら組の勝利。園長が「計測誤差の範囲かもしれませんが…」と一瞬ためらうほどの、わずか3cmの差であった。

実践の背景

* 運動会での「知恵比べ」の種目は、「ロボコン（ロボットコンテスト）」のようなことはできないだろうかという考えから始まった。毎年、園長と保育者が話し合ってユニークなゲームが作り出されている。「箱んでハイタワー」以外には、玉転がしの積木遊びからヒントを得たゲームをしたり、ハンガーラックに離れた場所から何本紐を引っかけられるかを競ったり…といった種目が行われたという。
* ゲームの内容は毎年変わるが、大原則がある。一つは、自分たちが作ったものしか使えないということ。もう一つは、保育者は知恵や力を貸してはならないということである。
* 「箱んでハイタワー」が生まれた背景には、その年のあおぞら組の子どもたちの間で積木遊びが流行っていて、数々の見事な作品が作られていたことと、その頃、たいよう組に保護者などから提供された空き箱があり、数も形も比較的そろっていたことなどがヒントとなった。子どもたちの好きなこと、できること、できそうなこと、また、素材の目星や見通しがつくことなどが、競技を考える上での重要なカギとなる。
* 「箱んでハイタワー」は、子どもにも理解しやすく、アイデアを出す振り

幅の広い競技であったこと、加えて、この年の子どもたちは、発想力が豊かでアイデアマンが多かったことが、ここ数年の中でも一番ドラマチックな盛り上がりを見せた理由だと保育者は考えている。

* 種目が決まりルールが発表されてから本番を迎えるまでの期間は約1ヵ月。初めの頃はみんなで一斉に取り組む状況ではなく、部屋の中で作っている子どももいれば、外で遊ぶ子どももいて、十分な数の箱が出来上がるまでに、かなりの時間を要した。子どもたちにルールを理解してもらうために、クラスの中でチーム対抗試合を行ったりもしている。

* たいよう組は、最初の時点では、あおぞら組と闘うという意識はおろか、自分のクラスの中でも意識の統一がなされておらず、漠然としていてやる気さえも起こっていない状況であった。そのため、保育者は一計を案じ、クラスを3つのチームに分け、ゲーム感覚にすることで競争心、やる気を芽生えさせ、そのやる気を一つにまとめてクラスとして闘いに挑むこととした（3チームに分けたのは、3ヵ所で積み上げるというルールを考慮したもの）。

* 毎年、本番までに練習試合と称して2～3回試す機会が用意されている。子どものルールの理解と運営側の調整の意図があり、例えば、1回目の練習試合では、メジャーで計って「合計何cm」と言っていたのが、2回目の練習試合から、カラーテープと水平器を使った計測器を作り出している。保育者側も知恵を絞らなくてはならない。

* 子どもたちにとって、事前に勝ち負けを体験することで、よりこの遊びと競技に深く入ろうとする気持ちが高まっていく。撮影された年は、た

またま勝ったり負けたりが繰り返された。動機付けにつながる理想のパターンであったが、年によっては、どちらかの組が勝ち続けたり、負け続けたりすることもあり、その場合の保育者の関わり方は難しい。

* 本番の勝敗後の子どもの反応はどのようなものだったのか。勝ったあおぞら組では、喜びや満足感がいろいろなことに反映された。例えば、何か課題に取り組む際に、友だちと話し合えば自分たちでできるのではないかというように、これまでできなかったことにも、前向きに取り組むことができるようになったという。一方、負けたたいよう組では、あおぞら組との差が見た目ではほとんどわからないほどの僅差であったことに不満が出るかと思われたが、敗北感よりもむしろやり切った感覚のほうが大きく、子どもたちも納得した様子だったという。

* わずか3cmの差で勝敗をつけたことについては、当事者である保育者たちは次のように語っている。「白黒をつけてくれて本当によかった」「あの判定はすごくありがたかった」「もし引き分けになったとしたら、どちらの子どもも喜べないし、悔しがれない。なんだったんだろうという気持ちになってしまうので、たとえ微妙な差であったとしても、あえて勝ち負けをつけたあげたほうが、子どもはスッキリする」「第三者的な視点では、『たった3cmで負けたらかわいそう』という気持ちにもなるが、あの場面できちんとけりをつけるということが、真剣に勝負に挑んでいる子どもの気持ちを尊重することにもなる」。

議論の視点

① 「箱んでハイタワー」が、多くの子どもを夢中にさせたのはなぜだろう。

　例えば、素材が身近で創意工夫の要素がたくさんあること、高さの合計を競い合うこと、わかりやすいルールであることなど、いろいろと考えてみよう。

② 「大人が知恵や力を貸さない」ことをルールとしているのはなぜだろう。

　知恵を貸したり、制作を手伝うことをあえて禁じることは、子どもにどういう影響があるだろう。また、その制約の中での保育者の役割を考えてみよう。

③ わずか3cmの差で勝敗がついたことを話し合おう。

　勝敗を分けたことの是非を考えよう。そして、測定誤差の可能性がある3cmという差で勝敗が分かれたことについて意見を出し合おう。

映像スクリプト

運動会まで1ヵ月。
ある会議が開かれていました。

担任（たいよう組）：「知恵を使うのと、体を使うっていうのと、
　みんなと協力するっていう…」
担任（あおぞら組）：「もっとなんか、作る工夫もしてほしい」

今年のテーマは「箱を積み上げる」。
ここの運動会では、
年長の子どもたちが自分たちでアイデアを出し合って
進めていく競技を取り入れています。

その中で「先生は指示をしてはいけない」というルールがあるんです。

園長:「子どもたちの持ってるものが、最大限引き出されるには
　　　どうしたらいいか。そういうことが我々にも問われている…」

　　　　＊　＊　＊

あおぞら組ではさっそく、ルールの説明が始まりました。

担任:「今年は、みんなが作ったものを、ちょっとずつ重ねて、
　　　どっちのクラスが高いか。作るものにちょっとルールがあります。
　　　みんなが作るものの高さは、ここまで」（積木を手に高さを示す）

（テロップ）「箱の大きさ」
　　　　　　　高さ…積木（22cm）より小さいもの
　　　　　　　横幅…制限なし

使っていい箱の横幅に制限はありません。
　あとは、子どもたちのアイデアを引き出しながら進めていきます。

子ども:「高いところまでいったら届かんじゃん」
担任:「そうなんよ。で、高いところにいったら届かんじゃない？
　　　そしたら届くためにはどうしたらいいか、とか…」
子ども:「はしご！」
担任:「はしご、か！！」

子ども:「いっしょの大きさで、その上にどんどん箱を
　　のせていったらいい」
子ども「大きい順にならべていく」

　子どもたちからは、
どんどんアイデアが生まれていきます。

担任:「すごく考えたことを形にしようと努力する子たちがたくさん
　　いるので…。それがすごく見えるのがあの積木…」
　（作品群を指さす）

　そうなんです。「あおぞら組」の子どもたちは、積木が得意。
今回の競技はピッタリです。

　一方の「たいよう組」は…。

担任:「あれで最高傑作ですから」
　（指さす先に積木コーナー）

　これが、たいよう組の積木の最高傑作…。
　（小さく積まれている積木）

担任:「基本、自由奔放なので、はい」

　いつもガランとしている教室。
　たいよう組の子どもたちは、外遊びが大好きな、いわゆる体育会系。

担任:「もっと高くするにはどうするかな〜、っていうのを！
　　今日から、みんなちょっとずつ考えてみてください」
子ども:「やだ！」「や〜だ〜」（子どもたち次々と…）

担任:「せっかく最後の運動会なんだけ、がんばろうや」
子どもたち:「はぁ〜〜い」
担任:「がんばろうね」

　うーん。なかなか手強そうですね。
　そこで先生は、作戦を考えました。

　まず、クラスを3つのグループに分けました。
　競争心をくすぐろうというわけです。

　一つのグループが、積木の高さに合わせた箱を作りました。

担任:「すごーい!ぴったり〜!」
担任:「さあ、みんな〜」

　それを見た他のグループも、負けじと箱作りにとりかかります。

　先生の作戦、大成功!

　他にもこんなものを作るグループも現れました。

カメラマン:「何が入っとるの?」
子ども:「芯」
カメラマン:「何の芯?」
子ども:「テープ。こういう芯。こういう芯…」（ガムテープの芯を見せる）
子ども:「高くなったら届かんけぇ」

　そして、この長〜い箱。
　秘密兵器なんだそうです。

あおぞら組も行動開始。

男の子:「こうやって。こうやって、どんどんやっていこう!」
　まずは、箱を積み上げてみることから始めました。

(箱が崩れる様子に…)
子どもたち:「あ〜!!」

女の子1:「一番大きい順から、行きま〜す」
女の子2:「一番大きい順から〜」

　女の子たちが、いいアイデアを思いついたようです。

担任:「ここのチーム、どお? 積み方。すごい上手じゃない?
　　大きいものから、小さいもの。なってるよね」

　あおぞら組、大きなものから積んでいく作戦になったようです。

　　　　＊　＊　＊

「箱んでハイタワー」と名づけられたこの競技、
練習試合の1回戦を迎えました。
両チームとも気合い十分です。

園長:「よーい…(笛を鳴らす)ピー!」

　競技は、それぞれのクラスが3ヵ所に箱を積み上げ、
　その高さの合計で競います。

子ども:「大きいもの、はい、大きいもの」
「あおぞら組」は作戦通り大きいものから積み上げます。

　一方の「たいよう組」は…。

子ども：「柱！」
子ども：「柱、持って」

　そうか…あの秘密兵器は、
　倒れないようにする柱だったんだ！

（園長の笛）「ピー！」

　終了の笛が鳴りました。
　その時、風が吹きました！

（積んだ箱が風で倒れる…）

カメラマン：「あらららら…」

　子どもたち、風のことまでは考えていなかった。

（園長が、積まれたものの、風で倒れてしまった箱の高さを計る）

園長：「22cm！」

　たいよう組は、ほぼ全滅。
　一方のあおぞら組は、わずかに残っています。

園長：「え〜…、86cm」

園長：「あおぞら組の勝ち！」
あおぞら組の子どもたち：「イエ〜〜イ！」

　この敗戦は、「たいよう組」のやる気に火をつけそうです。

* * *

（たいよう組の教室で）

担任：「はい、じゃぁ〜座ってくださ〜い。なんで負けたんだと思う？
　　　何がいけなかったと思う？」
子ども：（口々に…）「風」「風！」「風…」

担任：「風？ でも風だけかな？ あおぞら組のは全部は倒れなかった。
　　　たいよう組のだけ倒れた。風は同じように吹くもん…」
子ども：「1本だったらグラグラする」
担任：「1本だったらグラグラする」
子ども：「4個下にやって〜、それから1個にしていく」
担任：「細長いけえ、グラグラするってこと？」
子どもたち：「そう」
担任：「4個とかにするってこと？（箱の）幅を広げるってことよね？」

　さっそく、みんなで横幅の大きな箱作りにとりかかりました。

男の子：「アタマってやっぱえらいね、やっぱアタマって。だってアタ
　　　マで考えよるじゃん。それじゃけえ、アタマがエライんよ」
カメラマン：「ああ〜」
男の子：「だってさ、風でさ、こわれたりとかするしさ。（あおぞら組は）
　　　はばも大きかったし、それじゃけえ、負けたんじゃけえ、
　　　立派みたいなものを作らんといけんけぇ」

　そのエラ〜イ頭が考えた！

子ども：「この棒にね、箱をね。穴を、あけてさ。ここにこうやって

　　　ずーっとね…」
担任:「こういうふうに…」
子ども:「やって」
担任:「これをどんどん入れていったら。でも、今、熊佐先生のこの
　　　背の高さじゃけえ、エイ！って入れられるけど、みんなだったら
　　　入れられんよね？」
子ども:「ななめにやったらいい」
担任:「ななめに？ あ、こうやって？ ななめにして背が届くところで
　　　入れていって、そこまでいったら…、これを立てるってこと？」
子ども:（口々に）「あー」「うんうん…」
担任:「あ〜、なるほどね」

　この串刺し作戦に、一つのグループが挑戦することになりました。
　さっそく、箱に穴をあけていきます。

担任:「今から３分の間にちゃんとできるか？　じゃ、いくよ。
　　　よーい、スタート！」

（箱にあけた穴に棒を通そうとする子どもたち）

　あれ？始めてはみたものの、
　箱にあけた穴にうまく棒が通らない！

子どもたち:「３・２・１・０！」
担任:「はい、下がって」

（子どもたち、箱から離れる）

担任:「だって、30秒で１個しか入らんかったんよ。そりゃ時間切れ

　になるよ！じゃぁ、この棒いる？ ほんまに どう？ これ…」
子どもたち：(口々に)「いらーん！」「いらーん！」

　いい作戦だと思ったんだけどな…。

　　　　＊　＊　＊

　さあ、たいよう組、リベンジなるか。
「たいよう組」対「あおぞら組」。練習試合の2回戦。

子ども：「この前よりあっち、箱が多くなっとる」

　あおぞら組が気づいた通り、
　たいよう組は大きな箱をたくさん作ってきました。

園長の笛：「ピー！」

　(子どもたち、箱を持って一斉に走り出す)

　たいよう組、作戦通り、形のそろった大きな箱を
　次々と積み上げていきます。

子どもたち：「はよ〜、はよ〜」「はよ、はよ〜」

　あおぞら組は、箱は大きいんですが、形がバラバラ。

　(積み上げた箱が崩れ落ちる…)

園長の笛「ピー！」

　今回から、先生が考案した水平器付き高さ測定器が登場。
　さあ、たいよう組、雪辱なるか？

園長:「はい、たいよう組の勝ち!」
たいよう組の子どもたち:「イエーイ!」

これで1勝1敗。

(負けたあおぞら組の子どもが、隣の子どもの肩に手をポンとのせる)

　　　＊　＊　＊

負けたあおぞら組は、すぐに修正にとりかかりました。

カメラマン:「なんで段ボール張ったの?」
子ども:「え〜っとね。まっすぐにするために」

みんなが力を合わせて、
あっという間に箱がまっすぐになっていきます。
その時、一人の女の子が、新たなアイデアを出しました。

女の子:「竹でぐるっと箱を囲む」
担任:「支えを作ったらいいって一言言ってくれたんだけど、
　　どんな支えを作ったらいいんだか、ちょっと私もわからんくって」
女の子:「箱の中にこれを入れてからね」

一つの提案が、次々とアイデアを生み出していきます。

男の子:「段ボールの壁を作る」

まとまったアイデアをみんなで形にする。
なんだかおもしろいものができそうです!
さっそく実験してみよう!

積み上げた箱の後ろに置かれたのが新兵器。

担任:「いいんじゃない！ちょっと寄っかかっとるよ、これ！」

これは本番が楽しみになってきましたよ！

＊　＊　＊

「運動会当日」（テロップ）
（走る子どもたちに、観客席から声援）

子どもたち:「がんばれー！」

この園の運動会は、歓声と声援がＢＧＭです。
一人ひとりが主役になる。
そんな運動会です。

（いよいよ「箱んでハイタワー」の時間）

たいよう組の担任と子どもたち:「ファイト、オー！」
あおぞら組の担任と子どもたち:「ファイト、オー！」

さあ、いよいよ決戦の時。

（最終決戦）

園長の笛:「ピー！」

この１ヵ月間、子どもたちは、多くのことを学びました。
みんなで考え、工夫する楽しさ。
自分たちで考えるからこそ生まれる、負けた時の悔しさ。
それが挑戦する大きな力を生みました。

園長の笛:「ピーッ!」

　試合は終わりました。
　子どもたちが3分で積み上げた箱。
　その高さは、身長の2倍近くに達していました。

　勝つのはあおぞら組か? たいよう組か?

子ども:「負けたって思ったら負けるんよ」
担任:「お〜っ! いいこと言う!」

　いよいよ判定です…。

　(手をあわせて祈る子どもたち)

園長:「わずかの差ですが…」

　その差、3cmという奇跡!

園長:「はい、あおぞら組の勝ち!」

あおぞら組の子どもたち:「やった〜!」「やった〜!」

　自分たちが考えたからこそ生まれた喜び。
　そして悔しさ…。

担任:「ほとんど同じよ〜」

　(たいよう組の子どもたちの表情…)

　うん!
　本当にいい試合だったね!

シーン10
新記録と涙

■ ストーリー　　　　　　　　　　　　　　　　　映像時間 約7分

長縄跳びで遊ぶ子ども。保育者は長縄を回しながら、跳んだ回数を数えている。引っかかると次の子どもに交代。順番待ちの列ができている。自分の番になったゆりが、笑顔で駆け込んでくる。順調に回数を重ねて、なんと1702回という新記録を達成。友だちから祝福されて、うれしそうなゆり。

子どもたちのチャレンジは続き、今度は、あやなが跳び始める。初めは淡々と跳んでいたあやなだったが、600回、1000回…と記録が伸び始め、保育者や友だちの注目が集まる。少し落ち着かない表情のゆり。

自由遊びの時間が終了、園庭は、あやなと保育者の二人だけとなった。まだ跳び続けているあやな。先ほどゆりが打ち立てた記録を、早くも追い抜きそうだとの噂を聞きつけて、クラスの子どもたちが園庭に出てくる。ついに1700回を超えて、記録更新。その瞬間、ゆりがその場から駆け出す。

誰もいない教室で、ゆりが一人、もみすり作業（クラスで取り組んでいた米作りの活動）をしている。そこへ友だちが探しに来て、ゆりに話しかける。あやなに記録を抜かれたことを嫌だと思うゆりの気持ちを確認しつつ、「自分が跳びたいと思ったら、がんばればええよ」と励ます。

園庭では、あやなが跳び続けていた。2000の大台が目前に迫ったその時、長縄が止まった。1952回の大記録達成。額の汗をぬぐうあやな。"時の人"のまわりをみんなが取り囲み、拍手をする。うれしそうな表情のあやな。

クラスのお集まりの時間。ゆりが涙を浮かべているのを、友だちが発見。保育者は、「悔し涙」は「いい涙」であること、ゆりがいたからあやながんばれたのであり、あやなの記録は一人の力で達成されたことではないことを、子どもたちに向けて話す。

数日後。保育者たちは、長縄跳びにチャレンジした「日付」と「回数」を子どもが持つカードに記入していた。前回と比較して、跳ぶ回数がいくつ増えたかがわかるようになっている。

新記録保持者となったものの、とまどい気味のあやな。そこに、ゆりが近寄っていって話しかける。「1000を抜かそう」。ゆりの後ろにあやなが並び、一緒に跳び始めた。二人での新たな記録へのチャレンジに、あやなの表情もいつしか明るくなっていた。

実践の背景

* この園の長縄跳びの記録については、前年に 1000 回を超える記録が出て、絶対に破られない不動の記録だと言われていた。しかしこの日は、ゆりが 1702 回を達成、そして続けてあやなが記録を塗り替え、1952 回という大記録を達成。まさに奇跡のような一日だった。
* この頃、たくさん跳んだ子どもに回数を記録したメダルを渡しており、子どももそれがうれしく、励みになっていた。ところが、記録を塗り替えようとする子どもの向上心には際限がないため、少々度が過ぎてもがんばり続けてしまったり、今回のような出来事が起こったりしたことから、記録の更新や競争を助長しすぎた面や、楽しみの範囲を超えていた面があったと保育者は判断した。この実践が撮影された直後、話し合いが持たれ、最高記録に注目するよりも、跳べなかった子どもが跳べるようになることなどに目を向けようということになり、メダル方式を見直すこととなった。そして、他者の記録と競い合うのではなく、自分が更新した回数を記録し続けることにより、子ども自身が納得、満足しながらこの遊びが続けられるのではないかと、日付と回数を記録できるカードの提案があった。このカード方式は現在も続いているという。
* ゆりが部屋に入ったシーンでは、ゆりの後を友だちが追ったことを保育者は気づいていたが、あえて追うことはしなかった。そのかわり、そっとカメラマンに伝えたことであのシーンが撮影された。

議論の視点

①ゆりの涙にはどんな意味があるのだろう？

この保育者はクラス全体にゆりの「涙」を説明したが、あなたが保育者ならどのような解釈をして説明をするだろう。

②新記録を出したあやなの表情から何が読み取れるだろう。

大記録達成の後のあやなはどのようなことを感じているだろうか。ゆりの涙、他の友だちの喜びはあやなの目にはどのように見えただろうか。あなたが保育者ならどんな関わりをするだろう。

③記録を競い合うことについて議論しよう。

記録を競うことの良い部分と悪い部分、そして保育の中でどう活かすかについて話し合おう。この実践では、他者の記録と競い合うという相対評価の手法から、一人ひとりが自分の記録を伸ばそうとする絶対評価の手法に変更されている。その背景を想像してみよう。

映像スクリプト

寒い日に人気の遊び、長縄跳び。
体があったまるんです。

この園の、長縄跳びの最高記録は、1275回。
不滅の記録と呼ばれています。

  ＊ ＊ ＊

保育者:「もう、ゆりちゃんですか？」
ゆり:「もちろん、ゆりです」
保育者:「行きます！」

長縄跳びが大好きな女の子、
年長のゆりちゃんです。

この日、ゆりちゃんが
小さな体で、偉業を達成したのです。

保育者:「タタタタ タンタン ターンターン…♪」

打ち立てた新記録は、1702回。

ゆり:「あのね、足疲れるよ。足しびれてね」
園長:「待つのが大変だな、これな」
男の子:「1時間とか、かかっちゃうよ」
園長:「1時間待ち、ははは（笑）」

新記録の誕生で、長縄跳びが大人気になりました。

しかし、騒ぎはこれで収まりませんでした。

ゆりちゃんと同じクラスの、年長のあやなちゃんです。

(跳び続けるあやなちゃん)

最初は誰も気づいていなかったんです。

保育者：「600！　1、2、3、4、5、6、……」

跳ぶ数を重ねるうちに、しだいにギャラリーが増えていきます。

保育者：「89、90、91、92、93、94、がんばれよー、
　　95、96、97、98、99…、1000！ 1、2、3、……」

あやなちゃん、ついに 1000 を超えました。

保育者：「まだ、がんばれ。7、8、9、10、11、12、……」

新記録を出したばかりのゆりちゃんも、
あやなちゃんが気になります。

部屋に戻る時間になりました。
それでも、あやなちゃんは跳び続けています。

保育者：「…98、99…。1500 よね？」
保育者：「1、2、3、4、5、…」

先生の声と、あやなちゃんの靴音だけが響きます。

2 人きりの闘い…。

保育者：「15、16、17、18、…」

　その時です。

子どもたち:「がんばれー」「がんばれー!」

　たいよう組のみんなが、応援に来てくれました。

保育者:「……86、87、88、89、…」

　そしていよいよ、その時がきました。

保育者:「96、97、98、99、……。1700!　…1、2、3、…」

　新記録誕生です!

　(見つめるゆり)

　ゆりちゃんが駆け出しました。

　(部屋の中にいるゆり。そこに友だちが声をかける)

友だち:「ゆり、どこ?　…おった」

　ゆりちゃんは一人で教室に帰っていました。

友だち:「あや、がんばっとるよ」
ゆり:「うん…」
友だち:「けど、イヤなん?」
ゆり:「ヤダ」
友だち:「あや、抜かしたけえ?」
ゆり:「…」
友だち:「ゆりちゃんががんばらんと、ゆりちゃんの記録にはならんよ。
　　自分が跳びたいと思ったら、がんばればいいんよ。それが大事だ

　と思うよ」

保育者:「…99、…1900！　1、2、3…」

　外では、あやなちゃんの挑戦が続いています。

保育者:「…50、51、52、がんばれ、あーーっ！」
(あやな、縄に引っかかる)

保育者:「1952回だって！！」
子どもたち:「おめでとー！」「すごい！」

　あやなちゃんは、たちまちスターになりました。

(あやなと並びたがる子どもたち)
子どもたち:「となり！」「となり！！」

　　　　＊　＊　＊

(ゆり、教室内で泣いている…)

子どもたち:「(口々に)泣いとる、泣いとる…」
担任:「ゆりちゃんが今泣いとるよって、涙が見えた人いるでしょ。
　　あれはね、悔し涙。すごくいい涙なんよ。ゆりちゃんの涙。
　　どうしてかっていうと、ゆりちゃんがいたから、あやちゃんが
　　がんばれたでしょ。一人での力じゃないんよ。本当はみんなの力。
　　でも、ゆりちゃんがああやって涙が出るほど悔しい気持ってね、
　　がんばる力になるけぇね。ね、ゆりちゃん、いいことよ。
　　涙見せずに、次がんばって…」

　ゆりちゃんが知る、初めての涙。

*　*　*

この縄跳びブームで、先生たちは考えました。

（子ども、跳びながら）
保育者：「36、37、38、39、…。がんばれっ」
保育者：「10回も増えたよ」

大事なのは、新記録ではなく、一人ひとりが、がんばった記録。

（記録ノートに記しながら）
保育者：「232回」

保育者：「自分の世界でがんばるものじゃけえ、表にしてみては
　　　どうかって、職員の中から意見が出て」

みんな自分の記録を伸ばすことに夢中になり始めていました。

*　*　*

午後、ゆりちゃんが教室から出てきました。
あやなちゃんは、新記録にとまどっているようです。

（指をくわえてぼんやりするあやな）

ゆりちゃんが、あやなちゃんのそばに行きました。

ゆり：「1000までいこう！ 1000抜かそ。
　　　1000抜かしたらど〜お？、1000抜かしたら…」
カメラマン：「もう1000抜かしたじゃん。1000…、1200…、
　　　え？ 1700…？」

いったい2人は、
何をしようとしているのでしょうか？

カメラマン：「そうかー」
保育者：「せーの…」（縄を回し始める）

（ゆりが前、あやなが後ろで跳び始める）

ゆりちゃんとあやなちゃん。
2人で1000回を超えようとしていたのです。

悔し涙を、こんな素敵なかたちに変えるなんて…すごい！

（担任、その様子を見つめる…）

シーン11
宇宙人が来た！

ストーリー
映像時間 約3分

「宇宙人が来たぞー！」と大声で叫びながら走る子ども。噂を聞きつけて集まった子どもたちが、園舎のてっぺんを指さしながら「宇宙人の人影が見えた」などと口々に説明する。

噂はあっという間に園内を駆け巡り、「手が10本で目が5個」「（宇宙人が）頭をちょんちょんとした」「今、そこにおった」などのエピソードが次々に追加されていく。ついには、ベランダで氷を作るために容器にためた水までも「宇宙人のおしっこ」だと主張し始める子どもが現れる。「怖いから外に行きたくない」という子どもがいれば、「宇宙人おるの？（宇宙人など）見えない」とはっきり言う子どももいる。

噂の出所は、ホールの壁から聞こえる音だったらしい。子どもたちは、壁に耳をつけて、「カサカサカサカサ」「ゾー」「サー」「トン」などの音が聞こえたと話す。

騒然とした雰囲気の中で、不安になった子どもたちが先生のそばに集まってくる。すっかり泣きべそ顔の子どももいる。保育者が子どもたちから話を聞きながら情報を整理していく。「部屋に戻ってきた時に、そうちゃんが『宇宙に帰ったらしい』って言ってたけど」と結んだ保育者の言葉に、一同、ホッとした表情になる。

実践の背景

* ある日突然起こった出来事。わずか小一時間程度の騒ぎだった。ホールの壁から不思議な物音が聴こえたことが発端となり、口コミで噂がどんどん広がり、園中がパニックとなった。
* ごっこ遊びなどの一環で、一瞬、キャーッと叫ぶ子どもがいたり、騒がしくなることはあっても、このように園全体の噂話となって盛り上がった例はこれまでなかったという。
* おもしろがって煽る子ども、半信半疑で噂に引っ張られる子ども、冷静に嘘だと言う子ども、空想の世界やバタバタとした雰囲気だけで泣く子どもなど、さまざまな反応が見られた。

議論の視点

①宇宙人騒動が、園全体を巻き込む大事件となった理由はなんだろう？

噂となっていた"宇宙人"は、何か得体の知れない恐怖や不気味さを含んでいる。一方で、逆にもしいるのなら見てみたいという期待感があったりもする。何が噂を増幅させたのか、想像してみよう。

②子どもの反応を観察して違いを見つけてみよう。

見える子どもと見えない子どもがいる。噂に対して興味津々の楽しそうな子どももいれば、恐怖や不安で泣き出す子どももいる。その両者が相まって空想のストーリーが子どもたちの中に広がっていく様子が見てとれる。

映像スクリプト

（園庭を走りながら叫ぶ子ども）
子ども：「宇宙人が来たぞー！」

ある日の午後、奇妙な噂が広まりました。

（屋上を指差しながら）
子ども：「あそこのてっぺんで人の影が見えた！」
カメラマン：「えっ？」
子ども：「影が見えたんだって」
子ども：「あそこの丸いてっぺんに…」

　屋上に宇宙人がいたというのです。

男の子：「手が10本で、目が5個」

　ニワトリのあおいちゃんも避難します。

（騒ぐ子どもたち）

女の子：「ねえ、どこにおるん？　宇宙人…」
子ども：「宇宙人がいるんだ！」

男の子：（友だちに向かって）「頭をね、ちょんちょんってしたんだって、宇宙人が」

　いろんな噂が園内を飛び交います。

（ベランダにて…）
子ども：「今、おった！」
子ども：「今、そこ、おったんだって！」

（屋上にて…）
女の子：「宇宙人のシッコ」
カメラマン：「宇宙人のシッコ！？　これ宇宙人のシッコ？
　　これ、みんなが氷にしよう思うて入れとるだけやない？」
男の子：「違う、違う。違う、違う。あ、多いくなっとる！」

（クラスにて…）
男の子：「怖いけえ、外行きたくない」
カメラマン：「怖くないよ。見えた〜？」
女の子：「見えんけどね〜」

　この噂、どうやらホールの壁から聞こえる音が発端のようです。

（ホールにて…）
男の子：「こそこそとか、ヒューって…」
女の子：「こそこそこそこそ〜って、静かに言った」
女の子：「ぞーとか、さ」
カメラマン：「ぞーって言う？」
女の子：「トンとか」
カメラマン：「トンとかって聞こえる？」

（職員室にて…）
女の子：「うえ〜〜〜ん（泣）」

　宇宙人の襲来に泣き出す子どもも。

（園庭にて…）
園庭には避難してきた年少さんたち。

　　　　　＊　＊　＊

　宇宙人騒動も収まった、
　その日の終わりの会。

担任：「ホールのまるいところに耳つけた人？」
子どもたち：「は〜い！」

男の子：「水みたいな音だった」
担任：「水みたいな音がした…」

男の子：「窓ガラスを割るぞ〜って聞こえた」

担任:「窓ガラス割るぞ〜って言いよった?」

女の子:「誰もさわってないのに、ポンとか落ちてきた」
担任:「落ちてきたりした…」

担任:「なんかね、宇宙人の大事件だったみたいで、ちょっと驚いたんだけど、最後の最後ね、部屋に戻ってきた時に、そうちゃんがね、宇宙に帰ったらしい言っとったんだけど、帰ったんかね。とってもとってもふくらんだ感じでおもしろかった。またね。また教えて。ホンマにおったら…」

シーン12
みんなのビール工場

■ ストーリー

映像時間 約4分

タイヤで仕切られた園庭の砂場。ホースや雨どい、パイプなどが置かれており、子どもたちが水を流して遊んでいる。手押しポンプから砂場まで、雨どいをつなげて、流しそうめんのような水路を作る子どもたち。砂場に流れ込んだ水は、砂に囲まれたダムにたまり、そこからホースを通って、また別のダムへと流れていく。水面にはビールを注いだ時のようなきめ細かい泡が浮かんでいる。

子どもたちは、砂でダムを補強したり、ホースで水を引いて新しいダムを建設したりして、遊びを拡張させていく。しかし、水はどんどん流れ込んでくるため、ダムが決壊して洪水が発生するなど、ハプニングも続出。子どもたちは、重機の音を真似しながら、本物の工事現場さながらに、スコップやリヤカーを駆使して、建設・修復作業にとりかかる。

水を張った大きなたらいを数人で運び、水を一気に流し込んだり、田んぼの草を水に投げ入れたりして、遊びはさらに広がりを見せる。

実践の背景

* この遊びは「ビール工場」という名前で子どもたちに親しまれている。砂場の水たまりにできた泡が「ビールの泡」のように見えて、まるでビールを生産する工場のように思えたことに由来している。
* 子どもたちは、上から水を勢いよく落として泡を作ったり、水たまりに泡がたまるような仕組みを作ったり、泡をすくって壺形のものに入れたりして楽しんでいたという。現在では「泡作り」に限らず、大きな砂場での砂遊びや水遊び、すなわち、ダム作りや水路作りなどを含めた遊びが総称として「ビール工場」と呼ばれている。
* 普段は「ビール工場」以外の、山を作ったり、トンネルを掘ったり、型抜きでケーキを作ったりといった、水を使わない一般的な遊びも行われている。
* この園では、水道は手動ポンプ式になっており、砂場に水を入れることは制限されていない。時には、手動ポンプに興味本位で砂を入れる子どもがいて、使用できなくなることもある。砂を取り除けばすぐに使えるようになるが、あえて修理せずにしばらく放置しておく場合がある。そうすると子どもたちは、少し離れた所にある水道で水を汲み、バケツに入れてエッチラオッチラ運ばなくてはならないのだが、そのおかげで、ポンプの使い方を学び、ありがたさを感じるのである。

議論の視点

①砂遊びが子どもにとって魅力的なのはなぜだろう？

砂遊びに夢中になる子どもの気持ちやその理由を探ってみよう。砂場に水が加わることで遊びにどのような影響があるだろうか。どろだんご作りとは何が違うのだろうか。

②水の使用について話し合ってみよう。

この園では、水の使用は制限されていないが、子どもが没頭して遊び込める環境作りと、水（もの）を大切に使うことのバランスを考えてみよう。手押しポンプを導入することで、保育者がその都度注意しなくてもよい環境になっている点にも注目したい。

映像スクリプト

園庭の砂場。
その脇にはいつも、
ホースやパイプ、雨どいが置いてあります。

今日も砂場遊びが始まりました。

（パイプに砂を埋めながら…）
子ども：「こうやってね、いっぱいね、やっとったら出てこんよ」

　（つながっているパイプにやかんの水を注ぐ子ども）

子ども：「へへ、漏れないよ〜だ」
子ども：「漏れないよ〜だ」

子ども：「漏れないよ〜だ」「あ！」
子どもたち：「漏れたあ〜〜！」

　（手で押さえた砂から水が吹き出す）

子どもたち：「漏れたぞ〜」

　今度は年長の男の子たちが何か始めました。

　（手押しポンプをリズムよく押しながら）
男の子：「水、流しに…」

　手押しポンプから流れた水の行き先は…、
　砂場に作ったダム。

男の子：「あー、あーあー！（笑）」

　（そばにいた男の子が、砂場の水たまりの端に、ホースの切り口をつける）

　あふれかかった水はホースの水路へ。
　その水を受け入れるためダムは拡張されます。

子ども：「いいね〜、じゃなくて、ここ…。
　　　　漏れたら最悪なことになるんじゃ…」

　この砂場遊び、子どもたちは「ビール工場」と呼んでいます。
　その理由は…？

男の子:「これがビールの泡っていうことで、
　　　　ビール工場と名づけられたんだ」

　ビール工場遊びに、設計図はありません。
　変化する水の動きに合わせて、
　子どもたちは臨機応変に対応していきます。

カメラマン:「ほほ〜」

　増える水。新たなダムを大急ぎで建設します。

　(スコップで力強く砂を掘る子ども)

カメラマン:「おもしろくなってきたねぇ」
男の子:「そこだめだよ、ちょっと待っ…」

　(砂に設置したパイプに水が流れ始める…)

　三つ目のダムに水が入り始めた、
　その時です!

カメラマン:「決壊だ!決壊だ!」

　(すぐに決壊した場所に砂を埋める)

男の子:「あ〜、そこ!」

　ダムが次々に決壊!

男の子:「ただいま洪水しました!」

　緊急事態に他の子どもたちも駆けつけます。

（砂をスコップで手押し車に積む子どもたち）

みんなの力でダムの決壊は食い止められました。

その後もダムはどんどん拡張されていきます。
今度は水が足りなくなってしまいました。

（大きなたらいに水を入れて運ぶ子どもたち）

子どもたち：「オーエス！オーエス！」

（水を一気に投入）

この水の大量投入でダムは崩壊。

次はここで何が作られるのか？
それは子どもたちにもわかりません。

シーン13
お手伝いも遊び

ストーリー

映像時間 約3分

砂場の砂の補充のため、園庭に積まれた砂を、園長がスコップや手押し車を使って運搬していた。そこへ集まる子どもたち、お手伝いを始めた。スコップで砂をすくって手押し車に載せ、さらに、その手押し車を砂場まで運ぶ。子どもたちは小型の赤い手押し車を使っていたが、その中でひかるは大人用の手押し車を押し始める。大きな手押し車を押すひかるの後ろから、「いい感じじゃない？」「なるほど、うまいうまい」と園長が話しかける。

重さのため、十分持ち上げることができず、手押し車の底についたスタンドが地面に跡をつけていく。目的地まであとわずかのところで、難関に遭遇。前方に小さな水流があり、砂場に行くためには、橋の部分を渡らねばならない。ゆっくりと慎重に手押し車を押して、見事、橋を渡り切るが、今度は鉄柱にぶつかってしまう。バックして方向転換しながら、目的地の砂場に到着。手押し車を横に倒し、運んできたすべての砂を砂場に補充する。子どもたちの協力により、園庭に積まれた砂はすべてなくなった。

実践の背景

* この園では、購入した補充用の砂は、直接砂場に搬入せずに、あえて少し離れた場所に積み上げてもらうようにしている。意図的に「砂を運ぶ作業」を残すためである。「自分たちで遊ぶものは自分たちで整える」ということを大切にしているため、遊具のメンテナンス同様に、園の中のお仕事という位置づけになっている。
* 砂運びの作業以外にも、畑を耕したり、落ち葉を集めたり、杭打ちをしたり…といったさまざまな作業がある。ただし、「屋根登り」の修理など、高い場所での作業や危険を伴う作業は、子どものいない時間に職員が行う。プールの組み立て作業については、倉庫から道具を運び出すのは子どもたち、組み立てるのは職員というように作業分担を行っている。子どもたちは、プールの道具をツインタクシー（3人乗りの三輪車）に載せて運ぶなどして、それも遊びにしている。
* このシーンのように、大人が作業を行っていると、どこからか子どもが集まってきて「みんなの仕事」となっていく。子どもたちは、日常的になんらかの形で作業に関わるが、割り当てられた「仕事」という感覚ではない。誰かが砂運びをしていたら、「あ、おもしろそう！」「運んでみたい」という遊びの感覚で作業に関わっている。
* 大人から「はい、やりましょう」「さあ、始めましょう」と働きかけることはほとんどない。それと同様に、「片づけましょう」「掃除しましょう」という働きかけも少ない。

＊ この園にはチャイムがない。毎日、自由遊びの時間が終わってクラスに入るタイミングなどで、誰かが自然に「お片づけ」を始め、それが他の子どもに伝わり、みんなが「お片づけ」「お片づけ」と言い始めて広がっていく。自分が出したものを自分で片づけるということだけでなく、もし砂場に散乱しているものがあれば、そこで遊んでいない子どもでも自然にそれを片づける習慣になっている。基本的には、みんなで外を片づけて、ホールを片づけて、最後に自分たちのクラスを片づける（共有スペースや共有物を先に片づける）という流れになっている。

議論の視点

①大人の仕事を、子どもが手伝うことの意味を考えよう。

大人が手押し車を運んでいるのを子どもが見て、「自分も」という気持ちになっている。子どもの心に「おもしろそう！」と「役に立ちたい」があることをイメージしてみよう。大人への憧れや、社会参加の意欲につながっていることにも注目したい。

②あなたなら、子どもの「やりたい」をどこまで受け入れるだろうか？

大人用の手押し車を押すひかるに辛抱強く付き合う保育者の姿。時折短い励ましの言葉をかける以外は、基本的に何もせずに、背後から見守っている。「こうしたほうがいい」といった助言すらしていない。子どもの参加のさまざまな状況を想像して、関わりについて話し合おう。

映像スクリプト

毎日たくさんの子どもたちでにぎわう砂場。
そのため、砂が少なくなってきました。

この日、砂場用の新しい砂が運ばれてきました。

さっそく園長が、砂を運ぶ作業にとりかかります。
すると…

園長:「(つぶやくように) **あと、ひとがんばりだ…**」

シャベルを持った男の子がやってきました。
「何か楽しそうなことが始まった!」とばかりに
次々と子どもたちが集まってきます。

園長:「(子どもたちに向けて) **砂場の砂が減ってるでしょ…**」

シャベルで積み込んで、手押し車で運ぶ。
これが楽しくって仕方ないんです。

年長のひかるくんが大人用の手押し車を
一人で動かし始めました。

砂場までは 25 m。

園長:「川があります。川がむずかしいよ」

途中、小さな川や橋があります。

ひかる:「よいっ! いーけた!」

ひとつ乗り越えたら、また次の障害物が…

（鉄柱が行く手を塞いでいる…）

園長：「でも、いい感じじゃない？」

（手押し車の前が鉄柱にあたっている…）

ひかる：「ちょっとバックすると…」

（バックしながら方向転換するひかる）

ひかる：「バックバックバック…、バック…」
園長：「おー、なるほど、うまいうまい」

（ついに、砂場に到着して、砂を落とそうとする）

園長：「横からでもいいよ」
ひかる：「横から倒しても…」

（手押し車ごと倒しながら、砂を流し込む）

園長：「よ〜し！」

ひかる：「今度はどうだ…。縦に…。おっと…」

　ひかるくん、一人でやり切りました。

園長：「素晴らしい…」
ひかる：「よいっと…」

　１時間後、作業終了〜。
　子どもたちは別の遊びを始めています。

シーン14
たいよう号の行方

ストーリー　　　　　　　　　　　　　　　　映像時間 約6分

園の作品展。空き箱、空き容器、ストローなどさまざまな素材を使った作品が展示されている。そんな中、ひときわ存在感を放つのが「たいようごう」と書かれた一隻の船。乗り込んで、船内のベンチに座ったり、舵輪を回すこともできる。

作品展は終了したが、たいよう号は教室の真ん中にそのまま残されている。教室の大部分を占めるこの船のために、生活空間が奪われている。友だちとの距離も近く、息がつまりそうな印象。

このことについてクラスで話し合いの場が設けられた。保育者がたいよう号をどうしたいか、子どもたちに意見を求める。「部屋が狭いから、壊したほうがいい」「壊してまた工作に使う」「リサイクル」「せっかくみんなで作ったのに、壊したらもったいない」など、さまざまな反応が返ってくる。

最終的に、たいよう号を「すぐに壊す」か、残して「壊れるまで待つ」かで、

多数決をとることに。結果は「すぐに壊す」が14票、「壊れるまで待つ」が15票というわずか1票差。たいよう号の運命は、その日休んでいたかずの意見を聞いて決めることになった。昼休み、かずに電話をかける保育者。「壊す派」と「残す派」が半々であることを伝え、かずの意見を聞いてみる…。

教室に戻り、かずの意見を発表する保育者。「かずは…、なんと…、残しておきたいんだって」。小さくガッツポーズをする「残す派」の子どもたち。たいよう号は12月の初めまで残しておくことに決まった。

ついに、たいよう号を解体する日がやってきた。船の天井を持ち上げて外すと、子どもたちは待っていましたとばかりに、バラバラになった船体の上でとんだりはねたり、ダンボールを引きちぎったり、キックしたりの大暴れ。あれほど「残したい」と言っていたのが嘘のように、大胆に豪快に壊し始める。たいよう号が片づけられ、教室に広い空間が戻ってきた。

■ 実践の背景

* 「そうさくらんど」と呼ばれるこの園の作品展は、運動会後の11月に開催される。この年、年長では、たいよう組が船、あおぞら組が宇宙船を制作。作品展終了後すぐに、今後これをどうするかについて確認したところ、まだ遊びたいからとっておきたいという返答があった。丈夫にできているため壊れそうになく、また、子どもたちが壊れたところを直し始めたりもしていたので、あらためて再確認する話し合いが行われた。

* たいよう組の話し合いでは、最初は、「部屋が狭いから壊す」という意見が大勢を占めたかのような雰囲気があったが、一人の子どもが「せっかくみんなで時間をかけて作ったのだから、壊すのはもったいない」と発言したことで、流れが変わっていった。そして「そういう考え方も確かにある」という意識も生まれ、それによって、多数決で五分五分という結果につながったようだ。
* この日休んでいたかずは中立的な子どもで、保育者にとっても、どちらと答えるか予想がつかないタイプの子どもであった。あと1票で決まるという状況だったため、午前中の話し合いの後、お弁当を食べている間に電話をして聞いてほしいと、子どもたちから強い要望があったという。
* もう一つのクラスであるあおぞら組でも、制作された作品をいつまでとっておくのかという会話が同様にあったという。本人たちが納得したところで片づけるというのはどの担任も同じであり、終わったからといって、無下に壊すということはしないという。
* たいよう組では、子どもたちが大騒ぎしながら船を破壊していたが、もう一方のあおぞら組では、破壊の仕方がまったく違っていた。あおぞら組の子どもたちは宇宙船を丁寧に壊していき、中にある部品を家に持って帰るなどの行動も見られたという。壊し方にもクラスによって違いがあり、それぞれのカラーが出ていた。

■ 議論の視点

①子どもたちが納得できる物事の決め方とは、どういうものがあるだろう？

この実践では多数決という手法が用いられているが、子どもと物事を決める時に他にどのようなやり方があるか考えてみよう。

②作ったものを「捨てる／壊す」という行為を考えよう。

子どもが作ったものを撤去したり、廃棄したり、壊したりする時、子どもが納得できるタイミングとはどんな時だろう。子どもの思い入れと現実のバランスのとり方を話し合ってみよう。また、この実践では、壊す行為を子どもたちは楽しんでいるが、その時の心情を想像してみよう。

■ 映像スクリプト

この園で、年に一回開かれる作品展。

絵や工作など、子どもたちの自由な発想から
生まれた作品を展示して、お客さんに見てもらうイベントです。

年長の「たいよう組」は、みんなで話し合って
大きな豪華客船、「たいようごう」を作りました。

    *   *   *

作品展から3日。

たいよう号は、人気の遊び場になっていました。しかし…。

(お昼ご飯の時間)

子どもたち：「いただきます」

教室が狭くて仕方ありません。

　　　＊　＊　＊

担任：「今から話をすることは、みんなにちょっと考えてもらい
　　　たいんだけど。この船！これからみんなが、どうしたいか
　　　聞きたいと思って」
子ども：「たたむ！」
子どもたち：「え～～～～！」
子ども：「壊したくな～い」

担任：「今、ほら、お弁当だって食べれないでしょ？」
子ども：「部屋が狭くなる」
担任：「そうなんよ。部屋が狭いし」
子ども：「壊したほうがいい」

担任：「じゃあ、こうしたらいいな、と思うことがある人は
　　　手を挙げて言ってください」
担任：「はい、しょうちゃん、どうぞ」
しょう：「壊して、また、工作に使う」
担任：「お～っ」
子ども：「リサイクル！」

担任:「いい意見。リサイクル…。みんな壊してもいいってこと?」
子ども:「ウン」
担任:「い〜い?」
子ども:「ウン」「ウン」
子ども:「エーー! 嫌だ。もったいない!」
子ども:「壊したら、もったいない〜」

担任:「はい、りなちゃん」
りな:「残しとく。せっかくみんなが作ったのに、今壊すって…」
担任:「もったいないってこと? そのもったいない気持ちもよくわかるんよ、先生も。じゃけん、みんながどう思ってるか、出してください」

子ども:「みんなが遊んどったら、まだ壊したくないとか言うけんさ。みんなが遊んでから、もういいよって壊すまで待つ」
担任:「1番は、もうすぐに壊す。すぐに壊して、お部屋を広くする。2番、壊れるまで待つ」
子ども:「12月まで…」
担任:「12月の最初くらいまでね」

担任:はいそれでは、1番のすぐに壊すがいい人?」
子どもたち:「はーい!」
担任:「手挙げたまま、手挙げたまま…。14人。はい、じゃ2番の、壊れるまで、あともうちょっと待ったほうがいいよ〜って人は?」
子どもたち:「はーい!」
担任:「15」
子どもたち:「いぇ〜い!」

担任:「あと…すずわかずくんが今日一人休みじゃけえ…。すずわかずくんどっちかね?
子ども:「聞く〜」
担任:「そうだね。もうかずくんにまかせようか。かずくん、今日お休みだから…」
子ども:「かずくん次第…」
担任:「ちょっとお昼に先生、電話してみるわ(笑)」

う〜〜ん、
結果次第では話し合いは長引きそうですねぇ。
はたして、たいよう号の運命は?

　　　＊　＊　＊

そして迎えたお昼の時間。
先生は、かずくんに経緯を説明。
かずくんの考えを聞きました。

担任:「よし発表しよう。はい、みなさーん、みなさん、発表します。みなさん聞いてください。今、すずわかずくんに電話したところ、かずくんは、なんと!ダララララー (一呼吸おいて) 残しときたいんだって!!」

子どもたち:「(一瞬の間の後…) よし…、やったーーーー!」
担任:「いいですか、みんな。12月の初めまで残しとくでいいですか?」
子どもたち:「はーーい」

　　　＊　＊　＊

12月がやってきました。

たいよう号、最後の日です。
完成するまで3週間もかかった、たいよう号。
みんなで話し合い、段ボールを集め、組み立てて、
色を塗り、飾りつけをしました。
思い出いっぱいのこの船を、自分たちで解体するのです。
いよいよその時がきました。

（みんなで持ち上げて、ガムテープを外す）

子どもたち：「せ～の～！」

（歓声を上げる子どもたち）

なんと！
子どもたち、なんのためらいもなくうれしそうに壊し始めました。

むしろ、壊すのが楽しくって仕方がない様子。

あ～っという間に、
たいよう号は跡形もなく消えてしまいました。

この日からまた、広い教室が戻ってきました。

シーン15
自然は友だち

ストーリー
映像時間 約9分

田植えをしたばかりの園内の田んぼに子どもが集まっている。おたまじゃくしを探してすくっている。「とれた、とれた」と言う子どもの声。

園の近くにある森に入り、青梅を収穫する子どもたち。枝に生っている梅の実を摘み取り、バケツに入れる。年中の子どもたちは木に登って高い枝に生っている梅の実を器用に摘み取る。バケツはたちまちいっぱいになる。

梅ジュース作り。子どもたちがフォークで梅の実に穴をあけている。「穴をいっぱいあけた分だけ、おいしい汁がいっぱい出て、おいしい梅ジュースができる」と話す保育者。梅の実とともに、同量の砂糖が入っているガラス瓶、出来上がりが楽しみである。

オタマジャクシ、クワガタ、幼虫、カマキリ、バッタ、テントウムシ、カミキリムシ、ダンゴムシ、ミミズ、アリ……etc. 園庭には多くの生き物・昆虫が生息している。子どもたちは、草むら、田んぼ、水路に架けられた板の下

など、虫のいそうな場所をよく知っている。捕まえて手のひらに乗せたり、友だちと見せ合ったり、虫かごに入れたりして、昆虫遊びを楽しむ。

雨上がりの園庭には、靴のまま水たまりにジャブジャブ入って遊ぶ子どもたちがいる。おもしろがって、何度も水たまりに入るので、靴がびしょぬれになる。

ミミズを見つけることに夢中の子どもたち。板をはがして探す。時にはたくさんのアリの巣に遭遇することも。子どもたちは生き物を捕まえることが大好きなようだ。

女の子たちが椎の木（ツブラジイ）に登り、枝を揺らして、地面に落ちた椎の実（どんぐり）をスカートいっぱい拾い集めている。椎の実をかじって、「甘くておいしい」と言う。拾い集めたイチョウの葉っぱを、バラの花のように、幾重にも重ねて遊ぶ女の子もいる。

鮮やかに色づいたモミジバフウの大木。地面には、紅葉した葉っぱが落ち、まるで絨毯を敷き詰めたよう。葉っぱをすくい上げては、シャワーのように撒き散らして遊ぶ。

薄氷の張った池。氷を割って大きな破片を持ち上げる。歓声が上がる。落ち葉とともに凍らせた氷のアートを光に透かせて遊ぶ子どもたち。

森の中。大量に散り積もった落ち葉を集めて、ふかふかのベッドを作る。落ち葉のベッドにジャンプして楽しそうに遊ぶ子どもたち。

実践の背景

* この園の裏庭は「かえでの森」と呼ばれる広い雑木林につながっており、一年を通して自然に触れる環境に恵まれている。しかし、夏は危険な虫なども多いため、森に入れる季節は自ずと限られてくる。また、子どものみで入れるエリアは限られている。
* 子どもたちが主に遊ぶ園庭にはさまざまな工夫がある。野草をあえて生やしておいたり（野草エリア）、落ち葉を掃除せずにあえて残しておいたりして、子どもが自然と遊べる環境を意図的に作り出している。以前は、園庭の草むしりに保育者が追われている時があったが、ある時からある程度そのままにしておくほうが、草花が生え、虫の種類や量も増えて子どもが喜ぶことがわかった。園庭の落ち葉も、ある年にそのままにしておいたところ、子どもたちがいろいろな遊びを考え出すことに気づいた。今ではわざとそのままの状態にしている。
* 毎年、虫捕りが好きな子どもがいる。ひっきりなしに虫を捕ってきては、図鑑などで調べ、友だち同士で虫の取引をすることもある。虫の生息場所についての知識は、保育者も舌を巻くほどである。
* 保育者は、生き物・昆虫遊びには基本的に干渉しないが、命を粗末にする行為があれば、注意することにしている。
* この園の環境には、タケノコ、ぐみの実、桜桃（ゆすらうめ）、柿、栗、槙（まき）の実など、たくさんの自然の恵みがある。また、食べられる葉っぱとして、ハート型のかたばみ、「さるガム」と呼ばれるシダの茎などがあ

る。その他、園で栽培しているものとして、キウイ、ぶどう、米、さつま芋、しいたけなどがあり、行事などで使う以外は自由に食べられるため、クラスで調理することもある。子どもたちの食に対する関心も高い。

議論の視点

①なぜ、子どもの多くは、生き物に関わるのが好きなのだろう？

子どもは、生き物の捕獲や収集活動が好きであり、例えば、ダンゴムシを必死で探して集めるといった行動が見られる。ミミズが「血を流していてかわいそう」と話す女の子がいるが、虫に共感して会話をしようとするのは幼児期ならではである。年齢が上がるにつれて「虫遊び」から離れていく傾向にある理由も考えてみよう。

②子どもが自然とふれあう機会を作るには、どうすればいいだろう？

まわりに自然環境が豊かにある園とそうでない園がある。さまざまな条件がある中でどんな工夫ができるか、具体的に考えてみよう。

③生き物とふれあうことで、命の大切さを感じるにはどうしたらいいだろう？

子どもは虫を踏みつぶしたり、飼育ケースの中に放置して死なせてしまったりするなど、一見命を粗末に扱うような行動もする。そのような行動をどうとらえたらいいだろう。また、そのような場面での保育者の対応の仕方を考えてみよう。

映像スクリプト

　10日前に田植えしたばかりの、園内にある田んぼ。

子ども:「うわー、ここにいっぱいおる。おったよ、ちっちゃいの…」
子ども:「とれた？」

　田んぼの中はおたまじゃくしでいっぱいです。

子ども:「あ、おった…」（プラスチック容器を片手に…）

（容器の中で泳ぐおたまじゃくし）

子ども:「とれた！とれた！ほら…」

　　　　　＊　＊　＊

（滑り台を滑り降りる子どもたち）
　この日、年少の子どもたちが向かったのは
　園のすぐそばにある森。
　今年も梅の実がたわわに実っていました。
　さあ、初めての梅の実の収穫です。

子どもたち:「とれた！」「ねー」「とれたねー」
保育者:「バケツに入れとって…」（バケツに入る梅の実）

　同じ梅の実の収穫でも、年中の子どもともなると違います。
　これまでしっかりと森の中で遊んできた子どもたち。
　体全体を使って梅の実を取っていきます。

（梅の実を取って渡す子どもたち）

あっという間にバケツいっぱいの実を集めてしまいました。
集めた梅の実は、フォークで穴をあけます。

子ども：「やったー」
保育者：「穴をいっぱいあけた分だけ、おいしい汁がいっぱい出て、おいしい梅ジュースができるけんね」

おいしい梅ジュースが出来上がる3週間後が、楽しみです。

　　　＊　＊　＊

みんなが集まっているその視線の先には…　クワガタムシ！
子どもたちは生き物が大好きです。

おやおや…、こちらにも集まってますね。
これは何かの幼虫かな。

子ども：「まだ、おとな、おとな赤ちゃん！」
保育者：「おとな赤ちゃん！」

こちらのケースから出てきたのは…　大きなカマキリ！

　　　＊　＊　＊

ここの園庭には、野草を保護しているエリアがあります。
草むらの中をよーく見ると…　そこには、虫たちの世界が。
今日も虫捕り少年たちが集まってきました。

子ども：「でか！けっこうでかくなったバッタがおるね」
子ども：「オレが、オレが先に見たんよ…」
子ども：「あ、見て、この下、幼虫みたい」

　子どもたちは虫がいる場所をよく知っています。

（屋根登りの下で…）
子ども：「おった！おった、おった！」
子ども：「ダンゴムシおった…」

　ダンゴムシは今も昔も、子どもたちの一番の友だちです。

　　　　　＊　＊　＊

雨が上がるのを待っていた子どもたちは、外に飛び出します。
水たまりを歩くだけで、楽しくって仕方ない！

　こちらでも、何か探しています。

（地面の板をはがして…）
子どもたち：「ミミズよ、ミミズじゃん」「ミミズ」
子ども：「ミミズじゃ、やっぱり」

　こちらの板もはがしてみると…、

子ども：「おるー？」
子ども：「おらんじゃん…」
カメラマン：「おっ、見つけた！」
子ども：「えへ、へ…。おった〜。へへへ」
カメラマン：「見して、見して…」

子どもたち：「いっせ〜の〜せっ」（板をひっくり返す）
子どもたち：「きゃぁ〜、わぁ〜」（板の下にたくさんのアリが）
子ども：「ここにも…」

カメラマン:「そこそこ…」
子ども:「あ、よかった、ありがと」(ミミズをつかまえる)
カメラマン:「う～、つかまえたね。見して、見して…。すごい、すごい」
子ども:「1個しかおらん」
子ども:「ここ、おるじゃん…」

子ども:「あ、かわいそう。血が出とる」(ミミズを見せる)
カメラマン:「血がでとる?」

子ども:「ミミズがおった!」
子ども:「いる? すごいでしょ…」(入れ物の中の虫を観察する)

　生き物を捕まえた子どもたちって、
　なぜかいい顔してるんだよねー。

　　　　　＊　＊　＊

　女の子たちが狙っているのは、シイの実。

(木に登って枝を揺らす女の子と、落ちた実を下で拾う女の子たち)

　今日のおやつはこれ。
　子どもたちは、園内の食べられる木の実や果物を、よく知っています。

子ども:「甘い」
カメラマン:「甘い!?」
子ども「甘くておいしい」

　　　　　＊　＊　＊

　落ち葉も子どもたちの立派なおもちゃになります。

園庭でイチョウの落ち葉を拾っている子が…。
よく見ると葉っぱを選んでいます。

カメラマン:「それ、何に使うん？」
子ども:「バラ作る」（葉っぱを手の中で重ねながら…）
カメラマン:「バラ作るん？」

ほんとだ！落ち葉がバラになってる。

　　　＊　＊　＊

10月に入ると一気に木々が色づき始めました。
木の下には落ち葉の絨毯。

子ども:「やった！」
子ども:「ばぁ〜っ！」（たくさんの落ち葉を空中に飛ばす）
子ども:「やったぁ〜！」（子どもたちの笑い声）

落ち葉をあえて片づけないだけで、
子どもたちの世界が広がります。

　　　＊　＊　＊

冷え込んだ朝。
そんな朝は、子どもたちの空想が広がります。

子ども:「でか！」
子ども:「できた。できた！」

（池から、凍った氷をそれぞれ取り上げる子どもたち）

子どもたち:「わーー」（大きな氷を取り上げることに成功）
子ども:「冷た！ お皿じゃん。ガラスのお皿」
カメラマン:「きれいだね〜」
子ども「電話…。電話が冷たい、凍ってる」

子ども:「コマ〜」
カメラマン:「お〜、コマじゃん、コマ、コマ〜」
子ども:「（くっついた２つの氷を手に）…雪だるま」

　自然がくれた冷たいおもちゃ。

　　　　＊　　＊　　＊

　子どもたちが大好きな森に、
　やわらかな日差しが注ぎます。
　春はもう、すぐそこ。

　（子どもたちの歓声）

子ども:「葉っぱ集めよう！」

　やって来たのは卒園間近の年長さん。
　年少の頃、恐る恐る入ったこの森。
　今では森を自分たちのものにしています。

保育者:「せーの。ジャーンプ！」

　この森は、子どもたちの故郷(ふるさと)です。

主体的に遊ぶ子ども─遊びを支える保育者
~かえで幼稚園の実践から私たちが学ぶもの

中坪 史典

■ 子どもの主体的な遊びと育ちを思索する拠り所として

　本書の映像は、世界遺産・安芸の宮島を対岸にのぞむ、私立かえで幼稚園（広島県廿日市市）が取り組む、遊びを通して子どもの可能性を引き出す保育実践の記録である。私が同園を最初に訪問したのは2007年秋、広島大学に赴任してすぐであった。吉永早苗氏に話を伺ったのをきっかけに、無藤隆氏をはじめ数名の研究者と訪れたのだが、その時の子どもたちの表情が、意欲や達成感、探究心や発見の喜びに満ち溢れていたのが印象的だった。以後、今日まで同園を定期的に訪問し、園長の中丸元良氏や保育者の方々との交流を通して得た学びと経験は、私の中で子どもの主体的な遊びと育ちについて思索する際の拠り所となっている。

■ なぜ今子どもの主体的な遊びなのか

　保育所、幼稚園、認定こども園を問わず、就学前保育施設の中で重視されることの一つは、子どもが安心して生活し、居心地のよさを感じながら、無

理なことに背伸びしたくて挑戦したり、何かに興味をもってワクワクしたり、友だちと一緒に夢中になって遊んだりすることではないだろうか。「幼児の自発的活動としての遊びは、心身の調和のとれた発達の基礎を培う重要な学習である」と言われるように (文部科学省 2008)、幼児期の子どもは、大人から知識や技能を与えられて身に付けるのではなく、子ども自身が自分の欲求に基づきながら、主体的に周囲の環境と関わることが大切である。その源泉となるのが遊びであり、遊びの中には、子どもが成長し発達する糧となる体験が数多く含まれている。

　昨今、安心して外で遊ぶことのできる場所の減少、多様なメディアとの接触経験の増加、少子化や習い事などによる仲間関係の希薄化など、子どもを取り巻く環境の変化を考慮するとき、子どもが主体的に遊び、その遊びが充実するための環境づくりや援助のあり方を考えることは、どの園にとっても重要な課題の一つである。

子どもの遊びの充実をどう捉えるのか

　私たちはどのようにして、子どもの遊びが充実しているか（いないか）を捉えることができるのだろうか。河邉貴子氏の著書によれば、遊びの充実とは、その子どもにとって必要な経験を満たすような遊びを展開しているときのことであり、結果として、次のような共通した様態が見られるという (河邉 2005)。(1) 一つの遊び（テーマ）に、ある一定期間継続して取り組み、集中している。(2)（遊びに取り組んでいる）子ども一人一人が遊びのイメージをしっかりもっている。(3) 個々の子どもが自分のイメージを遊びの中で発揮し、遊びに必要なモノや場をつくるために身近な環境に主体的に働きかけている。(4) 他児とイメージをモノや空間の見立ておよび言葉を通して共

有しながら遊びを展開している。充実した遊びとそうでない遊びの違いはどこにあるのか、保育者の環境づくりや援助のあり方が子どもにとって遊びの充実にどのようにつながった（つながらなかった）のかなどを振り返るとき、この4点と照らして探ることができる。

　秋田喜代美氏は、「経験に根ざした教育（Experiential Education）」と呼ばれるリューベン大学（ベルギー）の理念や哲学に依拠しながら（Laevers 2005）、それをより日本の保育に即したかたちで、子どもの経験を捉える視点として、(1)「安心度」（安心感や居場所感の度合）、(2)「夢中度」（遊びへの没頭の度合）という観点を提示する（秋田・芦田・鈴木・門田・野口・箕輪・淀川・小田 2010）。とりわけ「夢中度」とは、子どもがどれくらい遊びに没頭し、遊びが充実しているかを捉えるスケール（5段階）である。子どもが心を奪われ、全能力が向けられ、最大限の力を発揮しようとするときは、楽しそうで機嫌がよく笑顔で歓喜の声を出している、自主的で表現豊かで元気である、リラックスしてストレスや緊張した様子を見せない、開放的で環境に積極的に関わっている、生き生きはつらつとして喜びに溢れている、自信と確信に溢れた態度を見せているなどの特徴が見られ、子どもにとっても満足度が高く達成感も大きいと言う。

　読者の方には、上記の理論と照らし合わせながら映像を見てほしい。例えば、屋根登りに挑戦するミズホちゃん、My コマ Get をめざして練習を重ねるダイキくん、思い思いに泥団子づくりを楽しむ子どもたち、砂場に水を流し込んでダムづくりに励む子どもたちの姿には、遊びの充実を示すシグナルとして、上記のような特徴を見ることができるだろう。

■ 遊びの充実がもたらす教育的効果（学び）と学ぶために遊ぶわけではないことの意義

子どもにとって遊びの充実は、どのような教育的効果（学び）をもたらすのだろうか。遊びの中には子どもが成長し発達する体験が数多く含まれるため、この問いに対する回答は枚挙にいとまがないが、次の点を例示してみよう。

(1) 周囲の環境に能動的に関わることで、試したり、工夫したり、新たな視点に気付いたり、新たな考えが生まれたりする。
(2) 友だちと同じ遊びをすることで、共通の目的に向かって見通しをつけたり、計画を立てたり、役割を分担したり、話し合ったり、工夫したり、衝突したり、折り合いをつけたりしながら、個人では不可能なことに挑戦し、達成感や充実感を得ることができる。
(3) 遊具の順番を待ったり、貸し借りをしたりするなど、集団の中での経験を通して、決まりやルールの必要性を学ぶことにつながる。
(4) 身体を動かすような遊びの充実を図ることで、多種多様な身体の動かし方を身につけることができる。このように主体的な遊びの中で子どもは、思考力や道徳性の芽生えを培ったり、身体が丈夫になったり、社会性を身につけたり、言語力や科学的認識が高まったりするとともに、保育者や友だちに認められることで、自分の良さに気付いたり、自信につながったりする。

とはいえ、決して子どもは、こうした教育的効果（学び）を得るために遊ぶわけではないことも強調しておきたい。子どもにとって遊びは、学びの手段ではなくむしろ目的である。とかく遊びの意義や効果に期待し、学びの手

段として位置づけようとする私たち大人に対して、映像の中の子どもたちは、「うちらは、別に学ぶために遊んどるわけじゃあないけえー！ただ、遊びたいから遊んどるだけじゃけえー！（広島弁）」とクールな、そして適確なメッセージを発信しているようでもある。遊びそれ自体にのめり込むことが、自ずと成長・発達につながるのであり、まさに「あそんでぼくらは人間になる」のだ。

子どもの遊びを支える保育者（1）：
思わず挑戦したくなるような遊びの環境づくり

　子どもの遊びの充実を促すためには、保育者の存在が不可欠であることは言うまでもない。映像が示す実践から私たちは、子どもの遊びを支える保育者の役割について多くの示唆を得ることができる。その一つは、環境づくりのポイントとして、子どもができることとできないことの間の「できそうなこと」「やってみたくなるようなこと」が課題として埋め込まれていることだろう。例えば、園庭の三角屋根には、ある程度の高さまで駆け上がらないと掴むことができない、絶妙な長さに調整された二本のロープが用意されている。子どもが思わず屋根登りに挑みたくなるような空間がそこにある。また、園長の眼前で 5 回連続コマを回すと自分の名前が書かれたコマが貰えるというルールも、子どもが思わずコマ回しに挑みたくなるような状況である。さらに、長縄跳びの場面で保育者は、新記録の達成や他者との競争ばかりが助長されたことを反省し、子どもが（新記録よりも）自分の記録の更新に挑みたくなるようなカードを作成している。

　英国の研究によれば、質の高い就学前保育を行う園に見られる共通の特徴の一つとして、子どもにとって高度だけど達成可能な挑戦的活動の経験を伴っていることがあると言う(Sirai-Blatchford, Sylva, Muttock, Gilden & Bell 2002)。「発

達の最近接領域（Zone of Proximal Development）」を唱えたロシアの心理学者レフ・ヴィゴツキー（L.S. Vygotsky）によれば、ある課題を子どもが独力で達成できる発達レベルと、大人の指導や自分より能力のある仲間との共同であれば達成できる発達レベルの間にはへだたりがあり、教師が子どもの知的発達を促すためには、このへだたりに働きかけることが大切であると言う（ヴィゴツキー 2001；中村 2004）。彼の議論は、学校教育における教授過程の文脈に依るものであるが（中村 2004）、就学前保育においても、子どもが既に独力で達成できる課題を示して発達の後に従うのではなく、いままさに挑もうとする可能性の領域に保育者が働きかけることは大切である。子どもの遊びを支える保育者の役割として、思わず挑戦したくなるような遊びの環境づくりの重要性をこの映像は示している。

■ 子どもの遊びを支える保育者（2）：
「子どもの時間」に目を向ける

　かえで幼稚園の実践で私が印象的なことの一つは、既述した遊びの環境づくりのような空間への配慮とともに、時間に対しても配慮されていることである。例えば、My コマを Get するために練習を重ねるダイキくんの真剣な姿は、決して園長の眼前で 5 回連続コマを回すと自分の名前が書かれたコマが貰えるというルールのみに依拠するわけではない。「午後になってもダイキくんはひたすらコマ回しの練習です」というナレーションにあるように同園の保育者は、子どもが自分のやりたいことにとことん取り組むことができるように時間としての環境にも配慮する。また、長縄跳びの新記録に挑むアヤナちゃんの場面でも「部屋に戻る時間になりました。それでもアヤナちゃんは跳び続けています」というナレーションが入る。そしてその直後に、部屋

に入っていた「たいよう組」の保育者は、子どもたちと一緒にアヤナちゃんの応援にやってくる。長縄を回す保育者とそれを跳び続けるアヤナちゃんの二人の戦いは、一日の保育の流れという外的な時間の枠組みを超えて行われたのである。

　就学前保育施設で過ごす子どもの身のまわりには、カリキュラムやスケジュールなどのような外的で量的・客観的な「大人の時間」とともに、子どもの内面に寄り添った内的で質的・主観的な「子どもの時間」が存在する。子どもの遊びの背後には、これら二つの異なる時間の流れ、合流、葛藤、調整などがあり（境 2016）、それによって遊びの充実が左右されることも少なくない。子どもの遊びを支える保育者の役割として、内的で質的・主観的な「子どもの時間」にも目を向けること、保育の中の時間とは、時計の針ですべての活動の開始と終了が決定づけられるような、外的で量的・客観的な「大人の時間」だけではないことをこの映像は示している。

■ 子どもの遊びを支える保育者（3）：
感情体験がもたらす協働性と創造性

　映像が示す実践の中でも「箱んでハイタワー」（運動会のクラス対抗競技）は、「あおぞら組」と「たいよう組」（5歳児）の子どもたちが4週間に亘って繰り広げる活動として注目に値する。この実践は現在、馬屋原真美氏の尽力もあり、アジア・太平洋地域の保育研究者や実践者からも評価を得ている。この活動においても保育者は、子どもの挑戦意欲を高めるような環境づくりを行い、内的で質的・主観的な「子どもの時間」に配慮するが、むしろ私は、そこに感情体験という要素が加わることで、協働性と創造性がもたらされている点に注目したい。このことを可能にしたのが、運動会当日までに複数回

行われた練習試合である。

　「あおぞら組」と「たいよう組」の子どもたちは、少しでも高く箱を積み上げるための方法を考え、悩み、葛藤しながらクラスの勝利をめざし、ティーム一丸となって戦いに挑んでいる。運動会本番はもちろん、練習試合でも毎回雌雄を決する勝負が行われ、その都度子どもたちは、「勝って嬉しい気持ち」「負けて悔しい気持ち」「次は勝ちたい気持ち」を経験する。こうした感情体験が子ども同士の協働性を支える原動力となる（中坪 2015）。そしてこの協働性に基づいて子どもたちは、試行錯誤を繰り返し、「風が吹いても倒れないようにするためには横幅の大きな箱が必要だ」「少しでも高く積み上げるために箱をまっすぐにする」「竹でぐるっと箱を囲んで支えをつくる」「段ボールの壁をつくる」など、多様なアイデアや創意工夫としての創造性を発揮する。

　伊国レッジョ・エミリア・アプローチ（Reggio Emilia Approach）の創始者ローリス・マラグッツィ（Loris Malaguzzi）は、子どもの創造性について、決して神聖なものや極端なものとして捉えるのではなく、むしろ日常の経験から生じるような、子どもの特徴的なものの考え方、見方、知り方のことであり、そこには既知の事柄を超えて冒険するような自由な感覚があると述べている。また、こうした創造性を生み出す格好の状況は、アイデア、比較、葛藤、交渉などの要素を伴う対人交流の場にあると言う（Malaguzzi 1998）。映像の中で子どもたちが示す、より高く箱を積み上げるための多様なアイデアや創意工夫は、まさに彼（女）らの特徴的なものの考え方、見方、知り方であり、既知の事柄を超えて冒険するような自由な感覚を見ることができる。

　「箱んでハイタワー」で発揮される子どもたちの創造性は、ティーム一丸となってクラスの勝利をめざす協働性と不可分であり、この協働性と創造性は、感情体験がもたらしたと言えよう。「勝てば嬉しい」「負けると悔しい」「次は勝ちたい」気持ちが湧き起こることで、子どもは仲間と協力し、敗北の原因

を探り、一層のアイデアを出し合いながら真剣に競技に挑む。運動会本番において、大人から見ると測定誤差の範囲とも思えるような、僅か 3cm の差であっても勝者と敗者を決定した保育者の判断と行為の背後には、こうした子どもの「真正の挑み」に対する敬意が込められている (中坪 2015)。この場面で子どもの敗北体験を回避するあまり、引き分けとして勝敗の決定が曖昧にされたなら、子どもたちは消化不良に陥り、「もやもや感」「報われない感」が残ってしまい、達成感、満足感、充足感を得ることはできなかっただろう。

■ 保育者が子どもに「教え導くこと」と
　子どもが自ら「経験すること」の関係

　保育の営みの中で、保育者が子どもに「教え導くこと」と、子どもが自ら「経験すること」の関係とは、一体どのようなものだろうか。映像が示すように、かえで幼稚園の実践は、保育者が子どもに「教え導くこと」よりも、子どもが自ら「経験すること」を尊重するとともに、遊びを通して子どもの可能性を引き出すために、挑戦したり、発明したり、発見したりすることのできる機会をできるだけたくさん保証することに取り組んでいる。探求的な遊びの中で子どもは、多様なアイデアを創出し、仮説を生成・検証し、他者と交渉する。子どもに「教え導くこと」が保育者の一方向的な行為や方略、パッケージ化されたカリキュラムであるなら、それらは子どもの主体的な遊びを奪い、保育者を無思考のレベルで安心させることになりかねない。

　ところで、同園の実践は、確かに子どもが自ら「経験すること」を尊重するけれども、それは保育者が子どもに「教え導くこと」の追放を意味しない。ローリス・マラグッツィが指摘するように、「保育者はしばらく側に立ち、子どもがすることを観察する。そうしてよく理解したならば、保育者が子ども

に「教え導くこと」の行為は、以前とは違うものになる」(Malaguzzi 1998) のであり、そうした保育者の行為は、子どもの遊びを支える重要な資源となる。保育者が子どもに「教え導くこと」と、子どもが自ら「経験すること」の関係とは、「対立する両岸に立って川の流れをみるような二分法の構図ではなく、共に船に乗り込んで川下りの旅をするような互恵的な関係」(Malaguzzi 1998) なのであり、一緒に取り組み、問題を解決し、自分たちの活動を捉え直し、語りを広げるような、「ともに考え、深めつづける（Sustained Shared Thinking）」(Siraj, Kingston & Melhuish 2015) 関係のことではないだろうか。

引用・参考文献

- 秋田喜代美・芦田宏・鈴木正敏・門田理世・野口隆子・箕輪潤子・淀川裕美・小田豊『子どもの経験から振り返る保育プロセス－明日のより良い保育のために』幼児教育映像製作委員会、2010 年
- 河邉貴子『遊びを中心とした保育：保育記録から読み解く「援助」と「展開」』萌文書林、2005 年
- Laevers. H. 2005 "Well-being and Involvement in Care: A Process-Oriented Self-Evaluation Instrument for Care Setting" Kind & Gezin and Research Centre for Experimental Education.
- Malaguzzi, L. 1998 "History, Ideas, and Basic Philosophy: An Interview with Lella Gandini." In: C.Edwards, L.Gandini, & G.Forman, (Eds.) The Hundred Languages of Children: The Reggio Emilia Approach. — Advanced Reflections, 2nd. Ablex Publishing Corporation. pp.49-97 佐藤学・森眞理・塚田美紀訳『子どもたちの 100 の言葉：レッジョ・エミリアの幼児教育』世織書房、2001年、69～148 頁
- 文部科学省『幼稚園教育要領』フレーベル館、2008 年
- 中村和夫『ヴィゴツキー心理学：「最近接発達領域」と「内言」の概念を読み解く』新読書社、2004 年
- 中坪史典「幼児教育における『子ども中心主義』の理念に潜在する問題—なぜ『りんごの木』『かえで幼稚園』の実践は幼児の育ちに結び付いているのか」『子ども社会研究』第 21 号、2015 年、49 ～ 59 頁

- 境愛一郎『保育環境における「境の場所」としてのテラスの機能と特質』広島大学大学院教育学研究科博士学位論文（未公刊）、2016 年
- Sirai-Blatchford, I., Sylva, K., Muttock, S., Gilden, R. & Bell, D. 2002 Researching Effective Pedagogy in the Early Years (REPEY): DfES Research Report 356. London: DfES.
- Siraj, I., Kingston, D. & Melhuish, E 2015 Assessing Quality in Early Childhood Education and Care: Sustained Shared Thinking and Emotional Well-being (SSTEW) Scale for 2-5-year-old provision, IOE Press. Pp.7-8 秋田喜代美・淀川裕美訳『「保育プロセスの質」評価スケール：乳幼児期の「ともに考え、深めつづけること」と「情緒的な安定・安心」を捉えるために』明石書店、2016 年
- ヴィゴツキー著・柴田義松訳『思考と言語 新訳版』新読書社、2001 年

幼児教育の本質に迫る保育とは

今の中に未来がある

　この園の保育から改めて幼児教育の本質とは何かを汲み取ることができる。何より、園の保育者は子どもたちの一つ一つの瞬間に付き合い、大事にしている。時に遠くから眺め、時にそばで寄り添い、時に話しかけ、時に子どもの言葉を聞き出し、また時に子どもたちの話し合いを促す。

　子どもたちはその中で、全身で楽しさを感じつつ、頑張ろうとする。ハードルが見え、それを自分の力で乗り越えたいと感じる。子ども同士の中で衝突もし、葛藤も起こる。でも、精一杯力を出し、友だちとの間で配慮を働かせ、深い満足感に至る。今が充実するところで、子どもはさらにその先の未来を生きようとするのである。

世界は魅惑的なもので満ちている

　たくさんの魅惑的なものが園にはある。四季折々に自然は変化を見せ、遊具が姿を変え、新たな活動が導入される。たくさんのやってみたいことが生まれ、子どものやってみたい気持ちを誘い出す。

　子どもは「世界」へとこぎ出し、この世界の広がりの先まであることを感じ取り、それに自分の力で探索できることに確信を持つ。この世界にある諸々とともに生きて、様々なものへと活動を広げ、自分がその一員となっていく。何度も練習し、つまずき、考え込み、そしてまた試みる。子どもは力を発揮して、でも、そこで世界に対して謙虚になる。もっとたくさんの魅惑が待っているからである。

園にはいくつもの場所が用意されている

　園は一つの空間であり、同時に多種多様な活動を可能にする場である。作る場所、関わる場所、探索する場所、挑戦する場所、不思議が起こる場所が

無藤 隆

用意される。そこに園が幼児教育の場であるという意義がある。

　子どもたちはそれぞれの場に入り込み、そこで置かれた様々なものを活用して、自分たちの遊びを作り出す。いろいろなことを何度でも試す。そのうちに、何をしたいか、実現したいかがはっきりしてきて、では、そのために何をしたらよいかが明確に浮かんでくる。それが考えるということなんだと子どもは経験する。子どもはまさに、どうすべきかを納得して、その未来を作り出す存在へと育つのである。

保育者が子どもの本気を引き出す

　子どもは真剣に遊ぶ。保育者は子どもの本気を引き出そうと、裏方で常に考え、環境を設定し、活動を提案する。子どもが楽しいと感じなければならない。でも、同時に本気になって、高いところに挑戦していってほしい。園には様々な仕組みが用意され、子どもの力の発揮を促している。遊具があり、自然物があり、遊ぶ道具が持ち込まれ、すごいことができるのだと提示される。時には保育者が活動を組んで、子どもを導く。

　そのことに子どもに活動を任せて待つという姿勢が並行する。押さえるべきポイントがどこかを保育者は模索し、話し合い、子どもの展開していく活動の様子を丁寧に見て取る。子どもが自律し、同時に保育者が支援する。その難しい保育のありようを何人もの保育者が互いに話し合い、協働していく中で実現しようとする。迷いながらも、子どもの活動に寄り添い、見守り、時に子どもの中に入り込み、一緒に考える。その姿勢が保育を可能にするのである。

子どもを理解することからつくられる保育

保育の芯

「子どもたちの力が、最大限に引き出されるにはどうしたらよいか」

これはシーン９での中丸園長の言葉であるが、私は、すべてのシーンに通底する保育の芯なのだと感じた。背景にあるのは、子どもは自ら伸びゆく力をもっているという確信と、保育の起点を子ども理解におく姿勢だろう。

「子どもたちの力を引き出す」というのとは少し違う。「引き出す」というと大人の意図や力が前面に出るようなニュアンスがあるが、「引き出される」というと、そこに子ども主体のプロセスが透けて見える。つまり、子どもを包み込む環境や出合う活動が子どもに働きかけ、子どももそれに働きかけることによって双方向的な関係が結ばれ、子どもからしてみれば「夢中になっている」うちに、いつのまにか力が引き出されていくのである。

では、このようなプロセスが生まれるために大切なことは何か。それは、「子どもをよく見て理解する」ということに尽きるだろう。ただ子どもが遊ぶに任せて自由な時間と場だけを与えていても、子どもたちの力は十二分に引き出されない。夢中になれる遊びや手ごたえのある環境に出合うからこそ、子どもは少しの困難を乗り越えようとする。だとすれば、「育ちの今」を把握しなければ、次にどのような「出合い」が必要かは見えてこない。この園の先生たちは目の前の子どもを理解し、子ども自らがハードルを乗り越えるために必要な援助は何か、あるいは適切な環境や活動は何かを考えている。

子どもを理解することからつくられる保育

４月の入園当初、家に帰りたいと泣くショウマ君。先生は様子を見ながら、頃合いを見計らい園庭に誘う。園庭に出た二人は横並びになって手をつなぎ、歩いたり立ち止まったりする。先生はショウマ君の興味の方向に目線を合わせ、優しく語りかける。次第にショウマ君の足取りが力強くなったと感じた

河邉 貴子

先生は、今度は後ろについて歩く。園舎裏でウコッケイを発見したショウマ君。目が輝き、心を動かし始めたことを見て取った先生は、餌を渡してそっとその場を離れる。餌をやることでショウマ君は能動的になり、ついにウコッケイを抱き上げる。すると先生はスーっと戻ってきて彼の喜びに共感する。

　横に並んで気持ちに寄り添ったり、後ろから見守ったり、距離をおいたり、向き合って共感したり。先生のスタンスは実に柔軟だ。ショウマ君の心の動きを理解しながら自分のかかわりと身の置き方を考えつつ、彼本来の力が引き出される瞬間を的確に捉えているのである。

子どもの成長の最先端の読み取りと保育者の願い

　園生活のスタートから、このようにその子なりの歩みが守られていくので、5歳児ともなれば仲間関係も深まり、すっかり逞しくなっている。大人でも重そうなほどに砂で満たされた一輪車を運ぶ男児。園長は後ろから見守り手を貸さない。箱を積み上げるクラス対抗競技で負けたことを、「風が吹いて倒れたから」と理由づける子どもたちに、先生は「風は同じように吹くもん」とつきつけて、思考を深めるように方向づける。保育者が真剣に遊びを楽しむことで、子どものやる気に火がつくシーンもあって、子どもの成長の最先端と、保育者の子どもへの願いがぶつかりあって保育がつくられていく。

　どうぞ、読者の皆様も、映像の中から、子ども理解が保育のありようにつながっている場面をたくさん発見していただきたい。

　もちろん、私たち大人は子どもを完全に理解することはできない。理解しきったと思った瞬間に保育は「生き生きしさ」を失うだろう。分からないから分かろうとするし、振り返り続けていこうとする。それこそが大切なのだ。「正解」に向かって一直線に子どもを追い立てるタイプの保育では決して育たない「人間力」が、子どもにも、大人にも育つのだから。

日本の幼児教育の哲学と魅力を照らすプリズムとして

　入園から卒園までの園での経験が、15のエピソードから語られている。本映像の魅力は、日本が大事にしている幼児教育の良さ、保育の哲学が日々の園生活の子どもたちの姿を通して具体的に語られるところにある。保育の豊かさとは何かを、心揺さぶられ、微笑んだりしんみりしながら感じとることができる。本映像は、次の3つを含む様々な魅力の合わせ鏡が映し出す、園世界のプリズムである。

自然と深くかかわる姿

　第一は、自然との出会いや経験を大事にした園生活の中で、育っていく子どもたちの姿だ。入園当初不安で泣いていたしょうまくんが、ウコッケイのあおいちゃんに魅かれ、家庭からの分離不安を乗り越え、園を楽しい場所としていく姿から、この映像は始まる。そして、シーン15の「自然は友だち」では、3年間の園生活を通して、年長児が、虫捕りを楽しみ、シイの実をおやつにし、落ち葉や氷などに関わり、四季の変化を感じとり楽しみ遊ぶ姿が描かれている。泥団子づくりや砂場、田んぼなど、水、土、泥や自然物との深い関わりの経験が、どのように子どもたちの成長を育てているかが伝わってくる。

仲間と高め合う姿

　第二は、子どもたちがそれぞれ自分の能力の限界や壁に挑み、仲間の応援や仲間との葛藤を乗り越え、一回りも二回りも大きく育っていくプロセスをカメラが丁寧に捉えていることだ。この姿とそれを生み出す保育のありようが、本作品のハイライトだろう。「登ってやる！」で屋根登りで自分の力に向き合い挑戦するみずほちゃん、「コマに夢中！」で心理的プレッシャーを越え成功するだいきくん、「新記録と涙」で長縄跳びの記録に挑戦するゆりちゃん

秋田 喜代美

とあやなちゃんの葛藤と協働の姿など、子ども同士が他の友だちの姿を見ながら自分の限界に挑み、仲間に支えられ相互に足場をかけ合いながら高め合っていく姿を見ることができる。人が壁を越え大きくなる時には、そこに仲間と保育者の支援があることを保育の出来事の数々から読み取ることができる。保育者が長い目で見守るという日本の保育のよさを堪能できる。園が十分な遊び時間と場を保障し、子どもたちが夢中になってそれぞれ自分の壁に挑み「遊び込む」ことのよさと美しさを実感できる。これは、カメラマンが園に1年間密着し、子どもたちと本当に親しくなって撮られた映像だからこそ捉えられた姿だ。「子どもはあそんで人間になる」ことの内実が描出されている。

知恵を絞る姿

　そして第三は、いざこざや失敗を超えて仲間と協力し知恵を絞っていくことで、何かを成し遂げ、喜びを共有し、仲間との絆を深めていく関係性が捉えられていることである。「積木の遊びは続く」や「箱んでハイタワー」「たいよう号の行方」など、子どもが知恵を絞り協働することで、大人の予想を超えた出来事が生まれることを見ることができる。仲間のためだからこそ頑張る姿に大人もハッとさせられるだろう。子どもの伸びようとする部分を的確に保育者が捉え、子どもを信頼し任せてゆくからこそ、そこに新たな可能性が拓かれることが伝わってくる。子どもの挑戦の背景には、知恵を絞り自らの保育に挑戦する保育者集団の姿がある。

　これからも大事にしたい日本の保育の姿が、珠玉の映像に散りばめられている。保護者や小学校の先生方、一般の方々にも、園は何を育んでいるのかをこの映像を見てぜひ感じ取ってもらいたいと思う。「遊びでしか培えないものは何か」の答えが、ここにある。

「子どもにとって難し過ぎず、かといって易し過ぎもしない課題」を考える保育者

■「発見」のある魅惑の場

　かえで幼稚園は、訪れるたびに新たな発見のある魅惑の幼稚園である。

　例えば、誕生会の日にお邪魔した時、教室に居た子どもたちは自然と順に並び、整然とホールに移動して次の活動を静かに待っていた。なぜそんなことができるのかと彼らに尋ねてみると、「そうしたら、楽しい時間がいっぱいできるから」なのだと教えてくれた。帰りの集いの際にも、賑やかに教室に戻ってきた彼らは、保育者が話し始めるやいなや水を打ったように静かになる。いずれも、保育者の指示はない。どうしたら楽しい時間が過ごせるのか、子どもたちはわかっているように見えた。

　夏、プール遊びに向かう点呼の際、教室に居なかった二人の子どもの所在を別の子どもがしっかりと把握していて、保育者に告げていた。広い園庭の隅々にまで、保育者の目が行き届くわけではない。子どもたち同士がお互いの遊びをよく見ているのである。そして、子どものこうした発言を保育者が信頼していることに意味があるように思う。

　このような園児を育てる幼稚園には、どのような仕掛けがあるのだろうか。

■「感性」と「哲学」を感じる幼稚園

　「運動会のBGMを廃止した幼稚園」という情報が、かえで幼稚園と私の出会いであった。すぐさま中丸園長に連絡をして園を訪問させて頂いたのは、かれこれ15年ほど昔のことである。園に伺った私が、まず案内して頂いたのは園庭であった。そこで最初に目に飛び込んだのは、園庭と森とを隔てるフェンスに開けられた大きな穴である。尋ねてみると「森があれば、入ってみたくなるでしょう」とのこと。その穴を開けたのが園長ご自身であったと知り、さらに驚いた。彼のそんな感性が、子どものワクワク環境をつくり出しているのである。

吉永 早苗

　観客の上げる声援や日常の保育における子どもたちの歌声。ここではそういった音の数々が、運動会恒例の急き立てるような勇ましいBGMの代わりだ。音に自らかかわってゆく楽しみを忘れさせ、何となく音楽を聞き流すように習慣づけるBGMの本質を、園長は「それは音楽を無意識化させる行為でしかありません。無意識化というのは『考えなくていいよ』ということなのです」と捉える。かえで幼稚園は、ゆったりと子どもたちを見守ろう、叱咤激励ではなく、自分で考え判断する子どもを育てることを大切にする。

　また、ある時は園庭の何箇所かにロープが張られ、立ち入り禁止区域が設けられていた。わざわざ雑草を生やしているのであるが、これは風で運ばれてきた種子が芽を出し、成長するのを待っているのである。雑草が茂る。そこへ虫がやってくる。鳥も飛んでくる。こうしたいのちの息吹に気づき、その過程に目をみはる子どもたちの中に、自然への好奇心と愛着、自然を尊敬する気持ちが育まれてゆく。

■「考える」を楽しむ姿勢

　こうした仕掛けは、「子どもにとって難し過ぎず、かといって易し過ぎもしない課題」を考える日常から生まれる。それらは、子どもの遊びの「今」をしっかりと捉え、その背景にある子どもの育ちとその未来を見通すところに成立するアイデアである。そして、「子どもにとっての少しの不自由」を残しておくことが、遊びの工夫に繋がってゆくという。保育者は常に、「どうしたらいい？」「なんでそう思う？」といった「問い直しの言葉」を投げ掛ける。このような保育者の存在が、子どもにとって「考える」環境なのである。

　かえで幼稚園の保育者は「考える」ことを楽しんでいる。そうした姿勢こそが、子どもたちの、自分で考え、判断しようとする意欲を促しているのである。

日本の保育実践を海外や異文化に紹介する可能性

■ ユネスコプロジェクトの原点となった実践映像

　本教材の実践映像は多くの人に感銘と刺激を与えた。子どもたちが五感を駆使して夢中になって遊び、知恵を絞って子ども同士で問題に取り組み、笑い、泣く。そしてその成長プロセスのための環境を整えつつも直接指示せず見守り、子ども一人一人の創造性や感性を引き出す保育者の高度な能力と溢れる愛情は、国籍や文化が違っても響くものがある。当ユネスコ事務所では、独創的で幼児の発達に効果的であり且つ現地の社会文化に見合った保育実践の映像事例を、アジア太平洋地域の各国から集めて世界中に発信するプロジェクトを実施している。このプロジェクトの原点となったのがこの映像だ。

　2014年、マレーシア保育者連盟の会議とフィリピンで開催された幼児発達の国際会議で紹介されたものを拝見した。参加者たち（主にアジア途上国の保育者やNGO関係者）は、子どもがアイデアを出し合い協働して取り組む姿や、保育者が指示せずに「学び」を引き出す様子に感心し、その後のディスカッションでは「Why?（なぜ）」「How?（どうやって）」の質問が飛び交った。例えば、「なぜ子どもに競争させて、勝敗をはっきりつけるのか」という質問。アメリカ等で主流のNAEYCの「Developmentally Appropriate Practice（発達にふさわしい実践）」では、子どもに競争させて「敗者」を出す、例えば椅子取りゲームのような遊びは、子どもの自尊心を傷つけるという理由で奨励されない。確かに「負けた」子どもを外に出してゲームが終わるまで待たせるよりは、残った椅子をどうシェアするかを考えさせた方がよいという考えには一理ある。一方で、本教材の実践は別の教育観に基づいている。「箱んでハイタワー」では、子ども同士で創造力を発揮しアイデアを出し合い、試行錯誤の上にクラス間で競い、勝敗をはっきり決めて、自分たちの努力の結果を見る。練習試合では、満足感や達成感ひいては自己肯定感が生まれる一方、負ける悔しさを経験して、努力する意欲と創造性が生み出される。い

馬屋原 真美

ずれにしても、指示の代わりにオープンエンドの質問を投げかけて考えさせ、勝負に負けたとき自信を喪失しないように配慮しつつ「つぎ頑張る！」力を出させるのは、保育者の能力であり愛情であろう。

この教材の可能性に期待すること

　しかし、異文化、特に途上国の現場の保育者がこの実践を取り入れるのは簡単ではない。まずは、現場の物質的環境が問題となる。日本で当たり前の「安全と清潔」や「基本的な教材の確保」は容易ではない。文具（ペン、テープ）や日用品（石鹸・トイレットペーパー）でさえ足りず、先生個人で用意したり保護者や寄付に頼る現状もある。再利用で「コスト減」と捉えられるであろう空き缶、ペットボトル、段ボールも、途上国では集めて売ってお金にしている人も多く見られる。さらに日本では「幼児期は遊びを通して学ぶ」という考えが定着しつつあるが、途上国の現場では先生中心の一斉保育、読み書き算数の偏重など保育の「学校化」が根強いところもある。保育者・教員の教育・訓練はもとより、保護者、政策担当者、そして社会全体が幼児期の自発的遊びの大切さを理解することが必要である。

　実践事例を紹介する場合、感動を引き起こす映像とその解説はもとより、保育者（関係者）間で事例の示す意味や目的、またその事例とは異なる状況で応用の可能性などを論議するプロセスが不可欠となるだろう。当ユネスコ事務所のプロジェクトでは、「箱んでハイタワー」の映像を英語化して、他国から収録された映像と共に解説書を付けて保育者養成・研修などに役立ててもらおうとしている。

　今後、このような教材が一人でも多くの保育関係者または保護者にとって、自らの実践と子どもの現状を顧み理解しつつ、子ども中心の「見守り引き出す保育」に活かすきっかけやヒントになる可能性に期待したい。

ドキュメンタリー『あそんでぼくらは人間になる』はどのように制作されたのか

　初めての子どもをどの幼稚園に入れるかというのは、私にとって大きな問題であった。子どもが親から離れて初めて社会に出ていくのである。そして私は子どもの教育について初めて真剣に考えたのである。

　園を選ぶにあたり私の中には一つの想いがあった。

　「この時期に様々なことに興味を持って、いろんな体験をしてほしい。興味を持つことの素晴らしさを知ってほしい」ということだ。

　休みの日に、いろんな幼稚園を見てまわり選んだのがかえで幼稚園。理由は、子どもたちが皆、とても楽しそうだったからだ。この園との出会いが私を一つの番組制作に駆り立ててくれた。毎日楽しそうに登園する息子。折に触れて私も園に行くこともあり、知れば知るほどこの園の「あそんでぼくらは人間になる」という基本理念のおもしろさを世に伝えたくなってきたのだ。普段は報道カメラマンとして殺伐とした現場に出向くことが多い私は、この幼稚園を1年間見つめてみたくなり息子の卒園を待って取材を依頼した。

本当の子どもの姿

　撮影にあたり大切にしたのは子どもの目線。そこでカメラは普段仕事で使う大きなカメラではなく、小型のカメラを使用した。このカメラだと子どもの目の高さでの撮影が容易だからだ。カメラは決まったが、はたして何から撮影を始めればよいのか？

　最初から大きな壁にぶつかってしまう。そんな時、過去の経験が役に立った。昔、動物園を3年にわたり追ったドキュメンタリーを制作したことがある。言葉をしゃべらない動物の撮影で、もっとも大切だったのは観察することだった。その中から物言わぬ動物の世界にも様々なドラマがあることが見えてきた。動物と子どもを一緒にするなんて！と叱られるかもしれないが、私はまず子どもたちを観察することから始めたのである。すると見えてきたのだ。

地蔵堂 充

　子どもというのはただ可愛いというだけの存在ではない。一人の人間なのである。彼らの世界の中で、悩んだり、葛藤したり、助け合ったり、共感したり、夢中になったり…とまさに人間そのものなのであった。むしろ我々大人よりもストレートな人間臭さがあった。

　私はファインダーを通して彼らを見つめ、日々様々なドラマと出会うたび笑いを堪えたり、共感したり、同情したり、時には涙を流すこともあった。

■ 保育のプロの姿

　撮影を重ねるうちに気付いたことがある。子どもたちの織りなすドラマの背景に保育のプロの存在があったのだ。例えば、毎日子どもが使う折り紙やテープなどの道具。切らすことなくいつも補充されている。ケンカも仲裁に入る時、黙って見ている時と、それぞれに理由をもって対処している。シーン８として紹介した「先生の本気運動会」。「運動会はこんなに楽しいんだよ」と伝えたい保育者の取り組みが、見事に実を結んだ実践ではないかと思う。ただ子どもたちに押し付けるのではない高度なプロ意識を感じたのだ。そして、同じように組織の中で働く者として、この園の職員会議は、非常にうらやましくもあった。保育者が皆、忌憚ない意見をかわす、とても実のある会議。取りまとめる園長も意見を押し付けることなく方向性が決まっていく大人な会議なのである。こうしたことを通してみんなで『かえで方式』を作り上げていったのであろう。しかも、完成されたものではなく、これからも日々変化し進化していくものだと思う。楽しそうに生き生きと日々成長する子どもたちの背景には、生き生きと働く保育者の姿を見たのである。

　さて、この園を卒園し小学生になった息子が、なぜか図工の時間を大嫌いになった。理由を聞いたら「オレは好きな絵をかきたいんだ！」。

　わかる気がするのである。

普通の中にある普遍

　「かえで幼稚園を1年間取材させてほしい」と地蔵堂さんから申し出があったときには驚いた。こんな地味な保育でテレビ番組が成り立つのだろうか？しかし彼は「自信があります」と言った。それならば、と同意したが、私には一つの不安があった。何度かテレビの小さな取材を受けてきたが、その時によくあるのが、「カメラに向かって走って」などの「やらせ」まがいの注文である。そして、子どもたちの幼さのみを強調した番組を作ろうとする。そういうのならお断りだと思ったが、今回に限っては全く杞憂であった。2日に1度ぐらいのペースでやって来た2人のカメラマンは、実に違和感なく子どもたちに溶け込み、園の日常を淡々と捉え、静かに帰っていった。期待した「絵」が撮れないこともあっただろうが、保育に注文がつけられることは一切なかったので、われわれも信頼して日々を過ごすことができた。

■「自分で」そして「自分たちで」

　「やらせ」と言えば、保育の世界こそ問題だ。先生の指示で動き、先生が与えた工作をし、先生が作った衣裳を着て、先生が決めた振り付けで踊るなどなど。そうして演出された「子どもらしさ」が行事等で披露される。そのような「やらせ」保育が当たり前になっていると、逆の要素、つまり自分で考える、自分で決める、自分で作るなどが影をひそめてしまう。

　しかし「遊び」というのは、自分で見つけ、自分で考え、自分で作り、自分で挑むなどの要素がなければ成立しない。そして、これらの要素は同時に「人間らしさ」の要素でもある。人間だからこそ、ものごとを面白がったり、必要なものを作ったり、工夫して挑んだりするのである。これを言葉で表したのが、かえで幼稚園の保育理念「あそんでぼくらは人間になる」なのだ。そして、そういう遊びの背景になるのが環境であり、それを支えるのが、われわれ保育者の役割である。

中丸 元良

　同時に、園は子どもたちが集団で生活し、育つところである。一人一人がバラバラに育っているわけではない。そこで大切なのが、上記の「自分で」に「たち」を加え、自分たちで考え、自分たちで作り、自分たちで挑むという要素を持たせていくことである。そうして、人と人の間の共感を育むのが本来の集団保育だろう。
　子どもたちの充実した遊びを願うならば、当然、保育者自身にも自分で考え、自分で作るという姿勢が求められる。そしてここでも、個々だけでなく、保育者集団として、自分たちで考え、自分たちで決め、自分たちで共感しながら実行するというチームワークが欠かせないのである。加えて言えば、遊びというのは基本的に明るくて前向きな営みである。保育者も明るい集団でありたいものだ。

普通の中から価値ある普遍を

　さて、こうして遊びながら人間性を獲得していく子どもたちだが、もちろん、毎日が順風満帆ではない。失敗、ケガ、けんかなどのトラブルや、口惜しい思いをすることもある。しかし、これらの要素も子どもが育つ上ではかけがえのない体験である。むやみに排除したり、手助けをしすぎてはならないし、大人の描くストーリーで解決すればいいとも言えない。どんな場面でも、保育者は必要に応じてかかわったり、あるいは、あえてかかわらなかったりするのだが、常に問われるのは、保育者自身の経験や観察力、普段の信頼関係などである。不味い対応や改めるべき環境への気づきなど、本書で一番勉強させられているのは、われわれ自身かもしれない。
　本書は「変わった園の特徴的な活動」ではなく「普通の園の平凡な日常」を扱ったものだと思う。普通の子どもたちと普通の保育者が過ごす日々から、価値ある普遍を見出していただけたら、この上ない幸いである。

編著者

大豆生田 啓友（玉川大学大学院 教授）

中坪 史典（広島大学大学院 准教授）

執筆者

無藤 隆（白梅学園大学 教授）p.136

河邉 貴子（聖心女子大学 教授）p.138

秋田 喜代美（東京大学大学院 教授）p.140

吉永 早苗（岡山県立大学 教授）p.142

馬屋原 真美（国連教育科学文化機関〈ユネスコ〉アジア太平洋地域教育事務局 専門家）p.144

地蔵堂 充（株式会社TSSプロダクション 技術部マネージャー）p.146

中丸 元良（かえで幼稚園 園長）p.148

企画・構成・編集 長谷 吉洋

テキスト編集 中丸 元良、山添 路子

映像スクリプト 木村 明子

デザイン ソースボックス

DVD制作 TSSプロダクション

印刷・製本 中央精版印刷株式会社

保育実践

学校法人有朋学園かえで幼稚園

広島県廿日市市。定員は180名（3歳児、4歳児、5歳児各60名）、職員体制は常勤教諭12名（園長を含む）、非常勤教諭2名、非常勤職員3名（2016年4月現在）。隣接する自然林など、多様な環境とかかわって遊びながら、豊かな個性や人間性を育む保育をめざしている。

協力 石川愛子、石田敦子、石本純子、上田敦子、熊佐芙美、小谷加奈
小林あゆみ、豊田順子、中丸創、中丸元良、東由香里、見山惟章

映像制作・著作

株式会社テレビ新広島

本教材のDVDに収録されている映像は、株式会社テレビ新広島が制作した番組「あそんでぼくらは人間になる～子どもにとって遊びとは～」（2012年5月26日放送）（ギャラクシー・奨励賞受賞、第21回FNSドキュメンタリー大賞ノミネート作品）の未放映分を含む映像を再編集して、新たに制作したものである。

ナレーション バーゲル・ルミ
コーディネーター 佐々木 直樹
撮影 地蔵堂 充、前田 典郎
美術 田中 輝生
MA 吉見 美紀
映像プロデューサー・構成・編集 地蔵堂 充

映像で見る　主体的な遊びで育つ子ども
〜あそんでぼくらは人間になる

2016 年 6 月 10 日 第 1 版 第 1 刷発行
2021 年 3 月 31 日 第 1 版 第 3 刷発行

編著者　　大豆生田 啓友・中坪 史典
発行者　　大塚孝喜
発行所　　エイデル研究所
　　　　　102-0073　東京都千代田区九段北 4-1-9
　　　　　TEL.03-3234-4641 FAX.03-3234-4644
ISBN　　　978-4-87168-581-8